INTELLIGENZA EMOTIVA

LA GUIDA COMPLETA PER COMPRENDERE E GESTIRE LE EMOZIONI, AVERE RELAZIONI PIÙ FELICI E AFFINARE LE TUE ABILITÀ SOCIALI

MATTIA PONZO

DISCLAIMER

Questo libro non intende sostituire il consiglio medico.

Il lettore dovrebbe consultare regolarmente un medico per questioni relative alla sua salute e, in particolare per qualsiasi sintomo che possa richiedere diagnosi o cure mediche.

Le informazioni fornite in questo libro, sono solo a scopo informativo generale. Sebbene cerchiamo di mantenere le informazioni aggiornate e corrette, non ci sono dichiarazioni o garanzie, espresse o implicite, sulla completezza, accuratezza, affidabilità, idoneità o disponibilità riguardanti le informazioni, i prodotti, i servizi o la grafica correlata, contenuti in questo libro per qualsivoglia scopo. Qualsiasi utilizzo di queste informazioni è a proprio rischio. I metodi descritti in questo libro, sono i pensieri dell'autore. Non intendono essere una serie definitiva di istruzioni per questo progetto. Potresti scoprire che ci sono altri metodi e materiali per ottenere lo stesso risultato.

INDICE

INTRODUZIONE

Per capire l'importanza dell'intelligenza emotiva nelle nostre vite, abbiamo bisogno - in primis - di capire cosa significa esattamente e come può apportare un cambiamento positivo alla nostra personalità, affinché porti un facile raggiungimento dei nostri obiettivi di vita.

L'intelligenza emotiva può essere definita come la tua abilità di determinare e maneggiare nel modo giusto le emozioni. Include anche il saper gestire le emozioni degli altri intorno a te. Le tre abilità che costituiscono l'intelligenza emotiva sono:

1. Essere consapevoli delle emozioni che fanno parte di te e quelle di coloro che ti stanno intorno. Questa è la definizione di Consapevolezza Emotiva.
2. La tua abilità di gestire o controllare le varie emozioni dentro di te ed anche la capacità di gestire lo stato emotivo della persona o delle persone intorno a te.

3. La capacità di sfruttare questi stati emotivi
   della mente e di applicarli verso il
   raggiungimento di un risultato o la risoluzione
   di una circostanza.

Il termine Intelligenza Emotiva (IE) o Quoziente Emotivo (QE) è stato coniato da due ricercatori Americani, Peter Salovey e John Mayer.

Le ricerche hanno definito "l'intelligenza emotiva" come:

- L'abilità di percepire, interpretare e gestire le nostre stesse emozioni
- L'abilità di percepire, interpretare ed influenzare le emozioni delle altre persone

Per considerare le cose da un punto di vista pratico, le nostre emozioni possono essere la forza trainante dei modelli di comportamento ed influenzare le persone intorno a noi in positivo o in negativo. Puoi acquisire questa capacità di gestire le tue emozioni insieme a coloro che ti circondando – specialmente in situazioni difficili o quando sei sotto pressione -.

Spesso tendiamo a fare l'errore di confondere l'intelligenza emotiva con altre caratteristiche della personalità. Quindi, dobbiamo capire le differenze tra intelligenza emotiva e altri tratti della personalità.

CAPITOLO 1: DIFFERENZE TRA QUOZIENTE INTELLETTIVO (QI), PERSONALITÀ ED INTELLIGENZA EMOTIVA

I tratti principali che definiscono il quadro complessivo di una persona e la sua influenza durante le interazioni quotidiane sono il QI, l'IE e la personalità. Non c'è connessione tra un alto QI e l'intelligenza emotiva; entrambe sono separate come gesso e formaggio. Non puoi aspettarti che una persona con un alto QI abbia anche un'alta intelligenza emotiva. L'intelligenza è la tua abilità di imparare, il quoziente rimane lo stesso sia che tu abbia quindici o cinquant'anni. La tua intelligenza emotiva è una qualità che si può acquisire e migliorare, a differenza del QI. La personalità completa il quadro complessivo; è la rappresentazione esteriore, basata sulle tue preferenze e può essere acquisita o radicata nel tuo carattere.

Puoi avere una personalità estroversa o introversa e questo, generalmente, resta invariato per tutto il corso della tua vita. Questi tre tratti si combinano per formare gli schemi del tuo comportamento davanti alla società e alla tua carriera professionale.

Migliorare la tua Performance

Il tuo quoziente emotivo avrà un profondo impatto sul successo professionale della tua carriera. Migliorare questo aspetto, aumenterà la concentrazione della tua energia in una direzione positiva e produrrà grandi risultati. Una rinomata agenzia di ricerca ha approfondito lo studio di 33 competenze importanti sul posto di lavoro e il risultato è stato sorprendente: il 58% dei migliori performer possiedono un alto grado di quoziente emotivo. Questo è un chiaro indicatore del fatto che l'intelligenza emotiva sia la principale forza trainante dietro gli eccezionali performer di una struttura.

Un numero di competenze critiche sono direttamente correlate al tuo quoziente emotivo; in verità, hanno un forte impatto sul tuo comportamento e sulla tua capacità di prendere decisioni ogni giorno. Una serie di studi indica che il 90% delle persone più produttive sul luogo di lavoro possiedono un'intelligenza emotiva alta. Dall'altra parte, solo il 20% dei lavoratori meno produttivi, invece, ha dato prova di intelligenza emotiva. Quindi, le tue possibilità di ottenere risultati migliori, sul posto di lavoro, aumentano a passi da gigante con un alto quoziente emotivo. Inoltre, studi statistici indicano la connessione diretta tra guadagni più alti e persone con un più alto quoziente emotivo. Si è osservata una differenza, in media, di 24,000 € nei guadagni, a seconda che le persone avessero quozienti emotivi più alti o più bassi. Inoltre, i tuoi sforzi di accrescere il QE (in ogni singolo punto) potrebbero riuscire ad aumentare di 1,100 € il tuo guadagno annuale.

Questi dati sono validi per tutte le industrie e per tutti i campi di lavoro e sono veri a prescindere dalle regioni e dai livelli. Tutti i dati indicano che la migliore prestazione e il guadagno più alto è strettamente legato all'intelligenza emotiva.

L'Intelligenza Emotiva si può Sviluppare?

Il termine "Plasticità" del cervello è quello che i neurologi usano per descrivere l'abilità, nel cervello umano, di cambiare. Miliardi i neuroni formano nuovi snodi ed articolazioni, ogni volta che impari nuove competenze. Questo richiede la ripetizione dei processi di apprendimento, permettendo al tuo cervello di generare tali connessioni, ad un ritmo maggiore.

Lo scambio di informazioni – parte fondamentale della tua mente -, tra la risposta emotiva ed il pensiero razionale, è la chiave dell'intelligenza emotiva. Da un punto di vista biologico, una risposta emotiva si innesca nel midollo spinale. Questa risposta deve viaggiare fino al lobo frontale del tuo cervello, per suscitare una risposta razionale. Questo sentiero conduce attraverso il sistema limbico, dove le reazioni chimiche – a seconda della situazione – generano una risposta emotiva. Come potrai dedurre, tu reagisci anche prima che il lobo frontale del tuo cervello abbia generato la una risposta razionale. La comunicazione effettiva, tra i centri di reazione emotiva e razionale della tua mente, assicurerà un alto grado di intelligenza emotiva.

Quindi, il processo ripetitivo e il concepimento di nuove strategie per sviluppare l'intelligenza emotiva, faranno crescere ed evolvere miliardi di neuroni nel percorso tra il lobo frontale e il midollo spinale. Riempiendo lo spazio, questi neuroni svilupperanno nuove connessioni tra di loro e cresceranno come un albero. Un singolo neurone può sviluppare fino a 15.000 rami, per collegarsi alle cellule vicine. La reazione a catena garantirà che questo esercizio, di inculcare l'intelligenza emotiva, venga accelerato. Con il giusto allenamento, questi cambiamenti biologici costituiranno le azioni dell'intelligenza emotiva da radicare nella tua natura e da far diventare una risposta istintiva ed abituale, insomma un processo non più ragionato.

È così che per ognuno di noi diventa un imperativo lavorare, affinché si sviluppi un'attitudine all'intelligenza emotiva. Con un'alta intelligenza emotiva, le tue capacità di negoziazione miglioreranno drasticamente, insieme ad una migliore comprensione delle persone. Inoltre, aumenterà la tua empatia verso gli altri, risultandone in una riposta positiva e congeniale durante le trattative. L'economia globale ha portato molte persone ad avvicinarsi, sia a livello regionale che culturale; per questo motivo, l'intelligenza emotiva è diventata la chiave del successo.

CAPITOLO 2: CONNESSIONE CON L'INTELLIGENZA EMOTIVA

L'auto-percezione, sostanzialmente, è una testimonianza della nostra condizione mentale, che si accorda con il modo in cui percepiamo e interpretiamo le cose. Questo dimostra come gli individui costruiscano le loro mentalità e il loro processo mentale osservando, imparando e sviluppando le opinioni attraverso le loro esperienze. Questa teoria è irrazionale in natura, come il modo abituale di pensare è collegato alle nostre esperienza passate e al modo in cui siamo stati cresciuti. Oltretutto, questa teoria propone che gli individui inducano mentalità senza giungere ad una comprensione profonda o a stati di temperamento. Noi tendiamo ad avere approcci razionali verso il nostro stesso comportamento ed è così che percepiamo il comportamento degli altri. L'auto-osservazione è un esercizio di auto-consapevolezza e conquista. Daniel Goleman ha affermato che questa è stata la sua "chiave di volta" per l'intelligenza emotiva. Pertanto, in questo capitolo vedremo come lo strumento più importante, consigliato ed offerto dai massimi esperti nel campo della psicologia, possa essere impiantato nelle nostre vite, per una trasformazione ed un domani migliore.

Quando percepisci e comprendi i tuoi sentimenti, hai il potere di controllarli. Questa sorta di auto-osservazione rende difficile, per i tuoi sentimenti, governarti, a meno che tu non dia loro una posizione di vantaggio.

Non siamo prigionieri del destino, piuttosto prigionieri delle nostre stesse personalità e della nostra mentalità. La conoscenza di Roosvelt, condivisa in lungo e in largo da premurosi pionieri, si concentra su una porta aperta per un'evasione definitiva. Puoi evitare di rispondere ad eventi e sentimenti e capire come scegliere le tue reazioni per ogni circostanza. Per esempio, nella serie TV "Prison Break", Michael Scofield era libero dalla sua mente, quando decise di affrontare le sue percezioni, piuttosto che rifuggirle. L'opportunità di scegliere la tua reazione e non esserne invece prigioniero, arriva come ulteriore conseguenza del trovare un'appropriata strategia e seguirla. In questa situazione, la struttura e l'appropriata strategia sei tu! Hai bisogno di conoscere te stesso.

Cosa succede quando l'Auto-Percezione si Mescola con L'Intelligenza Emotiva?

La conoscenza Emotiva include quattro abilità essenziali:

Auto-percezione/discernimento, Auto-regolazione, Gestione delle relazioni, Consapevolezza; qui ci concentreremo sull'auto-percezione, che è la capacità di percepire i propri sentimenti e di conoscere le proprie qualità e i propri punti di confine. Questo è il primo degli spazi di fervente conoscenza proposto da Daniel Goleman.

Conosci te Stesso

Prima che tu possa vedere miglioramenti su te stesso, hai bisogno di capire su cosa hai necessità di lavorare. L'Auto-discernimento sta tutto nella capacità di percepire le emozioni che incontri e di comprendere i sentimenti connessi con quelle emozioni.

Atleti esperti, donne e altri individui sono in grado di riconoscere i bisogni più verosimili; quando devono affrontare un imprevisto, si isolano per poter percepire e padroneggiare al meglio le emozioni. È un concetto basilare, non permetto che la loro esecuzione sia influenzata dal disappunto o dall'indignazione.

Quando sei consapevole delle tue capacità e dei tuoi limiti, sei più sicuro di cosa puoi e non puoi fare. Le persone sicure di sé sono più certe delle loro convinzioni.

Essere enfatici non vuol dire, semplicemente, andare nella propria direzione, bensì trasmettere le proprie considerazioni e i propri pensieri, in maniera risoluta, e legittimare il motivo per cui si crede in una specifica scelta e perché si crede che sia corretta.

Come indicato da Daniel Goleman, le capacità connesse con l'auto-identificazione sono:

- Auto-identificazione entusiasta: percepire i tuoi sentimenti e l'effetto che hanno sulla tua vita.

- Autostima esatta: distinguere le tue qualità ed i tuoi vincoli.
- Autostima: Conoscere la fiducia che si ha in se stessi e le proprie capacità.

Sviluppare l'Auto-Percezione

Tu hai bisogno di concederti una maggiore attenzione e di sentirti più in profondità. Hai bisogno di investire un po' di energia nel percepire degli spazi che devi sforzarti di creare per te stesso, oppure potenziare questa parte di te, se già la possiedi. Tutto sommato, come potresti diventare più consapevole delle tue qualità e zone di miglioramento? Potresti:

- Valutarti: Quali pensi che siano le tue qualità?
- Chiedi agli altri per ottenere altre opinioni: Sii interessato ad ascoltare il parere degli altri su di te.
- Fai un test di valutazione formale: Potrebbero comprendere un test dell'identità, o per trovare le tue qualità, attitudini e capacità.

Oltre a combinare le tre opzioni sopra citate, dovresti provare questo:

Prova a tenere un diario delle tue emozioni. Documenta quello che ti succede, ciò che provi ed il modo in cui reagisci. Qual è la tua reazione fisica? Per esempio, il cuore ti batte all'impazzata, hai collo e spalle indolenzite?

Fai un resoconto di ogni cosa e documenta le condizioni di ogni singola parte del tuo corpo. Potresti essere un fratello, una sorella, un rappresentante, uno sposo, una moglie, una madre, un padre, uno sportivo o una signora – considera il numero di persone più grande e vario che puoi. I sentimenti che potresti immaginare per ogni ruolo potrebbero essere di felicità, amarezza o ansia.

Prevedi come ti Sentirai

Considera la circostanza in cui ti stai addentrando e anticipa il modo in cui ti sentirai. Lavora sul dare un nome e sul tollerare le emozioni. Puoi affermare: "Potrei essere arrabbiato", oppure "Potrei sentirmi frastornato". Dare un nome ad un'emozione, ti aiuterà a controllare le sensazioni negative. Cerca di scegliere la giusta reazione per ogni comportamento, piuttosto che semplicemente lasciarti andare.

Le persone emotive trovano del tempo per l'auto-osservazione e per le emozioni. Un modo per approcciarsi a questo è riflettere o meditare, giorno dopo giorno. Dovresti iniziare subito a lavorarci, trovando uno spazio tranquillo per te stesso, ad una certa ora del giorno. Fai una pausa dal lavoro e trascorri un po' di tempo con te stesso, prova diversi esercizi ed investi energia, concentrati nel raggiungere uno stato che apra la tua mente e rilassi la tua anima.

Valori e Convinzioni

I valori o le qualità sono gli standard, i principi etici e morali, gli obiettivi che guidano le nostre vite. Conoscere le proprie qualità è un tassello fondamentale per costruire la cura di noi stessi. Se conosci le tue qualità, significa che stai seguendo una strada ben segnalata. Puoi essere ben disposto e sicuro, poiché sai dove sarai, qual è il tuo obiettivo e che sei sicuro di te. Sei anche disinvolto e soddisfatto di sapere che ti trovi sulla strada giusta.

Opinioni

Attirare l'attenzione sulle opinioni che ci facciamo degli altri, è una parte fondamentale della conoscenza emotiva. L'auto-consapevolezza, inoltre, sottintende che non dovremmo ignorare le opinioni che abbiamo di noi stessi; queste possono essere positive o negative. Le opinioni negative abbracciano considerazioni come, ad esempio "Mi succederanno cose terribili" o "Non ne so abbastanza per avere una startup". Le opinioni costruttive possono comprendere la considerazione, come ad esempio: "Se continuerò a tentare, avrò sicuramente dei risultati", oppure: "Intrinsecamente, gli individui sono fantastici".

Fallo Funzionare

Investi un po' di energia, riflettendo sul test che hai fatto in precedenza. Ne prenderesti in considerazione uno? Potrebbe essere legato al business, o a qualcosa che hai fatto a casa. Quali sono state le principali considerazioni che hai avuto riguardo alla tua capacità di portarlo a termine? Se i pensieri sono stati positivi, allora, in che modo questo ti ha aiutato a completarne l'esecuzione?

Se le tue prime considerazioni sono state negative – va benissimo! Investi un po' più di energia a riflettere su come queste considerazioni ti facciano sentire, riguardo questo compito e la tua capacità di portarlo a termine. Come potresti ribaltare quest'idea la prossima volta? Trova un minuto per registrare un pensiero preferito più positivo a cui aggrapparti la prossima volta.

Le convinzioni che abbiamo su noi stessi sono vitali, nel momento in cui decidono il nostro comportamento. La percezione di noi stessi è l'evoluzione essenziale per ottenere la conoscenza emotiva. Conoscere noi stessi è un viaggio che va al di là della morte. Eppure, più incrementiamo la nostra capacità di osservarci, più incrementiamo la nostra esperienza di vita, spalanchiamo le porte ad un futuro migliore, diventiamo consapevoli delle nostre emozioni e miglioriamo la capacità di reazione al cambiamento. Non è soltanto questo: allo stesso modo incrementa la nostra intelligenza emotiva che è direttamente proporzionale.

CAPITOLO 3: GUARDANDO DENTRO IL CERVELLO

Fondamentalmente, cosa sarebbe un libro sull'intelligenza emotiva se non cercasse di capire – in primis – dove nascono le emozioni? I sentimenti, ovviamente, sono generati nel cervello, come la maggior parte di ciò che ci rende umani. Il cervello è attinente ad ogni azione che le persone fanno ed è il processore essenziale per il corpo umano. Senza il cervello, non esisterebbe nulla.

Comprendere la Biologia del Cervello

Il cervello esiste, come computer, all'interno del corpo ed è il responsabile delle funzioni esecutive, così come delle funzioni inconsce, su cui tu non hai alcun controllo. Il cervello funziona attraverso i neuroni, che sono le cellule nervose che costituiscono il tuo cervello ed il sistema nervoso.

Questi neuroni controllano ogni cosa, attraverso le loro reciproche interazioni, conosciute con il nome di sinapsi. Le sinapsi, poi, trasferiscono gli impulsi da un neurone ad un altro attraverso i neurotrasmettitori, piccole sostanze chimiche dentro al cervello. Ognuna di queste è importante per capire il cervello e le sue funzioni dal punto di vista strutturale.

In sostanza, tutto ciò che fai e che provi può essere attribuito a questi neurotrasmettitori e agli impulsi elettrici che essi rilasciano.

I Neuroni

In parole povere, i neuroni sono cellule che processano le informazioni dentro al cervello. Sono responsabili di comunicare e processare tutto ciò con cui tu interagisci e tutto ciò che provi. Sono loro che trasmettono i messaggi che comunicano al cervello ciò che i tuoi occhi vedono o ciò che le tue mani toccano ed il tuo cervello traduce ed interpreta quel messaggio attraverso altri neuroni.

Per il modo in cui i neuroni sono formati, con diverse estremità alla fine di ognuno, nello stesso istante, a diverse fonti viene inviato un messaggio.

Questi dendriti - cioè le estremità dei nervi che più di frequente di distaccano – poi, toccano i rami estremi di un altro neurone, che sono anche la parte iniziale di un nuovo neurone. Il neurone attivato invia un neurotrasmettitore – attraverso i dendriti – ai rami terminali, che innescano l'attivazione del nervo, permettendo al messaggio di continuare a trasmettersi.

Neurotrasmettitori

I neurotrasmettitori sono quelle sostanze chimiche che i neuroni utilizzano per scambiarsi i messaggi, come indica anche il nome. Ci sono diverse sostanze chimiche, ognuna delle quali è collegata ad un'estremità che si adatta solamente a loro. Quando un neurotrasmettitore è in grado di adattarsi alla perfezione, attiva il nuovo neurone al quale è stato trasmesso.

Possono anche inibire o rallentare la funzione di un neurone, oppure - al contrario - eccitarla. Quando un neurone viene sovra stimolato, è possibile che continui ad attivarsi ad un ritmo più elevato, mentre – se inibito – si va a rallentare il periodo di riposo tra un'attivazione e un'altra. Dopamina, epinefrina (o adrenalina) e serotonina, sono alcuni dei neurotrasmettitori più conosciuti nel corpo umano.

Sinapsi

La sinapsi, poi, è il passaggio di un segnale elettrico o chimico attraverso i neurotrasmettitori. La sinapsi lascia il dendrite di un neurone, per attivare il neurone successivo. Senza questa sinapsi, non ci sarebbe comunicazione tra i neuroni del cervello.

Le Parti del Cervello

Con una conoscenza funzionale di come il cervello comunica (perlomeno ad un livello di base), puoi iniziare ad osservare anche le varie parti del cervello; esso è comunemente suddiviso in tre parti fondamentali: il telencefalo, il cervelletto ed il tronco encefalico. Ognuna di queste parti è responsabile di differenti funzioni e si è sviluppata in termini evoluzionistici. Si sa che molti animali primitivi avevano un cervello meno avanzato, mancavano di gran parte del telencefalo e che questi animali esistono – più o meno - dal punto di vista funzionale, senza avere realmente alcuna auto-consapevolezza.

Telencefalo

Il telencefalo è la parte frontale del cervello ed è divisa in due parti. Gli emisferi destro e sinistro del cervello sono in grado di comunicare attraverso i corpi callosi; senza i corpi callosi, le due zone del cervello sarebbero completamente incapaci di comunicare nel modo in cui fa la maggior parte delle persone. Il telencefalo è il maggiore responsabile delle funzioni esecutive e di quelle funzioni su cui hai il completo controllo, così come la comprensione dell'input sensoriale.

Questa parte del cervello è responsabile del giudizio, della capacità di risolvere i problemi, del raziocinio, delle emozioni, dell'apprendimento e di molto altro, tanto da renderlo incredibilmente rilevante per l'intelligenza emotiva.

Tronco Encefalico

Il tronco encefalico consiste nel nucleo cerebrale ed è responsabile dei movimenti e delle azioni inconsce, come il battito del cuore, il respiro, gli starnuti, la deglutizione e altro ancora. Questa è la parte del cervello che ti tiene in vita.

Il Cervelletto

Questo è il retro del cervello ed è la parte più primitiva, a livello evolutivo. È capace di mantenere i movimenti, l'equilibrio e la postura.

I Lobi del Cervello

Ogni emisfero del cervello possiede quattro lobi distinti, ognuno dei quali ha una funzione differente. Queste funzioni sono tutte piuttosto essenziali, per il funzionamento e la nostra vita come esseri umani. Essi regolano le emozioni, le funzioni cognitive, i sensi, la memoria e molto altro. È possibile danneggiare una parte di un lobo e vedere come il deficit va ad inficiare le abilità sulle quali quel particolare lobo aveva il controllo.

Lobo Occipitale

Il lobo occipitale si trova sulla parte posteriore del cervello ed è responsabile di processare la vista. In prevalenza, questa sezione è dedicata a processare i sensi della vista. Ci può dire la differenza tra i colori, percepire il movimento e molto altro.

Lobo Parietale

Subito sopra il lobo occipitale, si trova il lobo parietale; anch'esso responsabile di varie elaborazioni sensoriali. Questa sezione del cervello processa il tatto, il movimento, il dolore, la temperatura corporea e molto altro, mentre custodisce anche la maggior parte delle sezioni che si occupano di elaborare il linguaggio.

Lobo Temporale

Il lobo temporale si trova sul lato del cervello e si occupa di processare e conservare la memoria, comprendere il linguaggio e anche le emozioni. Questa parte del cervello si occupa anche di comprendere gli stimoli uditivi, così come di comprendere il linguaggio. Al suo interno di trova l'area detta "di Wernicke" che è quella parte del cervello, essenziale per capire i discorsi degli altri.

Lobo Frontale

Nella parte anteriore del cervello, proprio in corrispondenza della fronte, si trova il lobo frontale (nome propriamente attribuito, vista la sua ubicazione). Questo lobo è responsabile per le azioni e per la comprensione delle stesse; esso è capace di comprendere e di decidere cosa fare, in ogni dato momento.

La corteccia frontale è quella che dona agli umani l'abilità di ragionare ed avere la meglio sugli impulsi e sugli istinti emotivi.

Parti del Cervello Rilevanti per le Emozioni e per la Comunicazione

Con la tua conoscenza generale della struttura di base degli emisferi del cervello, puoi iniziare, ora, ad osservare le parti più importanti per le emozioni e la comunicazione. Ognuna di queste aree sono molto importanti per la regolazione emotiva e, nonostante il fatto che siano perlopiù piccole strutture, in realtà giocano dei ruoli fondamentali per le emozioni umane e, quindi, anche per l'intelligenza emotiva.

Amigdala

L'amigdala è la primaria responsabile per le emozioni umane, incluse molte che potrebbero sembrare contraddittorie. Sei stato innamorato, di recente? L'amigdala ne è stata responsabile. Ti sei sentito spaventato? Sempre causa dell'amigdala. Anche il desiderio sessuale è regolato dall'amigdala. Molti esperimenti hanno mostrato che attivare l'amigdala frequentemente può causare un intenso stato di aggressività, mentre - al contrario – rimuoverla del tutto, risulterebbe in una totale indifferenza.

Ippocampo

L'ippocampo è quella porzione del cervello che processa la memoria. Questa parte del cervello manda le informazioni relative alla memoria fino all'amigdala, e insieme queste due parti del cervello creano reazioni emotive ai ricordi. L'ippocampo che lavora in tandem con l'amigdala è il motivo per cui, quando ripensi ai biscotti al cioccolato di tua nonna, provi una sensazione calda e sfocata, oppure quando ripensi a quella volta che hai investito una renna, provi un senso di profonda paura.

Grazie alla comunicazione tra ippocampo ed amigdala, le tue emozioni ed i tuoi ricordi sono sincronizzati.

Questo fatto è rilevante anche nelle persone che soffrono di un disordine da stress post-traumatico o in quelle persone che, invece, associano forti risposte emotive a dei ricordi traumatici o fatti che scatenano quei ricordi traumatici.

Corteccia Prefrontale

Questa è la porzione maggiore della corteccia frontale ed è la maggiore responsabile dell'annullamento delle tue emozioni. Se l'amigdala e l'ippocampo sono, prima di tutto, le responsabili delle tue emozioni, allora la corteccia prefrontale corrisponde all'intelligenza emotiva. Più utilizzi la corteccia prefrontale e più essa si fortifica, più diventa capace di annullare gli impulsi emotivi. Questa parte del cervello impiega decadi per svilupparsi, e questo spiega perché i bambini e gli adolescenti sono così facilmente influenzati dalle emozioni.

Ipotalamo

Anche l'ipotalamo è in combutta con l'amigdala; esso manda informazioni all'amigdala, per permetterle di regolare quelle emozioni che l'amigdala rimanda indietro. È in grado di regolare quanta rabbia o piacere provi, assicurando che tu non ecceda o non risponda in maniera eccessivamente aggressiva o negativa.

Giro Cingolato

Prima di tutto, il giro cingolato è un sentiero tra il

talamo e l'ippocampo. È coinvolto nella regolazione e nella memorizzazione degli eventi che possiedono un carico emotivo. Di solito, questa parte del cervello innesca il resto del sistema nervoso che un particolare evento ha caricato e, per questo motivo, dà il segnale all'ippocampo per archiviare la memoria, in combinazione con il talamo; esso permea la situazione di un'emozione e fa sì che la memoria sia emotivamente carica, anche grazie all'attivazione dell'ippocampo.

Area Tegmentale Ventrale

Questa parte del cervello, in primo luogo, regola il piacere e le singole sensazioni. È interamente responsabile della quantità di piacere provata da una persona, attraverso una serie di reazioni chimiche della dopamina. Suddetti recettori della dopamina sono un segno dell'attivazione di questa parte del cervello, ogni volta che viene ricevuto uno stimolo di piacere. Se si prova felicità o amore, questa sezione del cervello si attiva, incoraggiando la persona a perpetrare quegli stessi comportamenti che hanno stimolato quelle sensazioni. Se l'individuo fa qualcosa di piacevole, come ad esempio intrattenersi in un atto sessuale o mangiare cibi sani che soddisfino i suoi bisogni nutrizionali in quel preciso momento, quest'area del cervello si attiva. Allo stesso tempo, quest'area è anche quella che viene principalmente stimolata dall'uso di droghe che hanno lo scopo di creare sensazioni euforiche in chi le assume. Così come la dopamina fluisce nell'area, anche l'intero corpo percepisce un piacere maggiore.

CAPITOLO 4: COME CALCOLARE IL TUO QE

Dopo aver discusso l'importanza di avere un alto QE, facciamoci ora un'altra importante domanda: Come si calcola il QE?

Ci sono molti test utilizzati per calcolare il QE individuale. A prescindere dal test che si sceglie di usare, comunque, l'argomento comune è quello di misurare il QE individuale sulla base di tre importanti capacità: consapevolezza emotiva, sfruttamento emotivo e gestione emotiva. La consapevolezza emotiva si riferisce all'abilità della persona di identificare accuratamente, non solo le sue emozioni, ma anche quelle degli altri. Lo sfruttamento emotivo si riferisce all'abilità di usare le emozioni di una persona e applicarle in altre attività, come ad esempio la risoluzione di problemi o la riflessione. Per ultima, la gestione emotiva si riferisce all'abilità di regolare le proprie emozioni e quelle degli altri.

Per determinare la misura in cui un individuo possiede queste tre abilità fondamentali, dovrà rispondere ad una serie di domande. A differenza del test sul

QI, il test sul QE non ha delle risposte oggettivamente corrette. Nel migliore dei casi, fare un test del QE, significherà scegliere le risposte più appropriate, data una particolare serie di circostanze. Detto ciò, per calcolare il QE di un individuo, all'individuo stesso saranno fatte una serie di domande, con lo scopo di calcolare approssimativamente quale sarebbe la sua reazione a situazioni della vita reale, nello specifico:

- Come una persona reagisce a stress e frustrazione
- Come una persona reagisce ai fallimenti e allo scoraggiamento
- Come una persona affronta posizioni dirigenziali o cerca di raggiungere il successo
- Come una persona riesce a controllare le sue emozioni e quelle degli altri
- Come una persona valuta le emozioni degli altri individui
- Come una persona si interfaccia con la diversità e con altri argomenti culturalmente delicati

Le domande che verranno poste tendono a variare da un test ad un altro, ma sono tutte orientate al fine di determinare le funzioni dell'individuo nelle situazioni sopra citate.

Il più alto QE è tra 90 e 100, con il punteggio perfetto fissato a 160. Se vuoi scoprire il tuo QE ci sono svariati test che puoi fare online, alcuni dei quali sono stati pubblicati dai dipartimenti di Psicologia di rispettabili università. Ad ogni modo, se desideri una valutazione più accurata o se desideri che i risultati ti vengano spiegati in maniera più esaustiva, è meglio cercare un approccio professionale. Puoi essere valutato a pagamento da psicologi e psichiatri, oppure puoi pagare una visita alla tua università locale e scoprire se offrono questo tipo di servizi. Il test è semplice da gestire e molte università lo fanno anche gratuitamente.

CAPITOLO 5: ALTA INTELLIGENZA EMOTIVA

Per comprendere meglio l'intelligenza emotiva, parliamo bene di ognuna delle nove caratteristiche dell'alta intelligenza emotiva.

1. Conosci i tuoi Punti di Forza e le tue Debolezze

La prima caratteristica di un alto QE è conoscere le proprie risorse e le proprie debolezze. Questo punto, in sostanza, deriva dall'auto-consapevolezza ed è vitale nello stabilire le aspettative verso noi stessi, in maniera accurata e ragionevole. Le persone che sono consapevoli dei loro punti di forza e delle loro debolezze, sono in grado di spingersi al di là dei loro limiti, senza bruciarsi o diventare frustrati.

Gli individui consapevoli dei loro punti di forza e delle loro debolezze, inoltre, tendono ad essere sicuri di loro stessi, senza risultare arroganti. Conoscendo i propri punti di forza, si può sviluppare la propria autostima e la sicurezza in se stessi. Un individuo che sa in cosa è bravo/a, sa bene quando è meglio rinunciare immediatamente di fronte ad una sfida. Ad ogni modo, l'attitudine a riconoscere i propri punti di forza sta, spesso, scadendo nella trappola dell'arroganza e della sicurezza immeritata – ed è qui che entra in gioco l'importanza di conoscere le debolezze di una persona. Avendo un'idea oggettiva delle mancanze di una persona, si è in grado di esercitare l'umiltà, insieme alla sicurezza. In più, le persone che sanno in cosa non sono capaci, hanno meno probabilità di frustrarsi per i propri fallimenti. Dal momento che conoscono le loro limitazioni, sanno quando continuare ad andare avanti e quando fermarsi.

Per dare una dimostrazione: mettiamo che John sia un bravo scrittore di prosa. Più nello specifico, è bravo a scrivere racconti brevi. Tuttavia, ha sempre avuto come obbiettivo quello di pubblicare un romanzo, così inizia a scriverne uno. Quando, finalmente, presenta il suo romanzo agli editori, la sua proposta viene rifiutata. Dal momento che sa di essere bravo a scrivere in prosa, continua a scrivere e ri-scrivere i suoi racconti, chiedendo pareri ad editori e amici, per poi rimandarla alla casa editrice. Continua, con tenacia, perché conosce i suoi punti di forza e si rende conto di avere margine di miglioramento. Ora, diciamo che John abbia anche provato a scrivere di poesia e abbia addirittura partecipato ad un seminario. Tuttavia, il riscontro costante che riceveva era quello di non essere abbastanza bravo. Piuttosto che avvilirsi e farsi prendere dalla frustrazione, per non essere in grado di scrivere di poesia, gestisce la situazione senza problemi, sapendo benissimo che la poesia non è mai stata il suo forte, ma che quantomeno ci ha provato.

2. Avere un Vocabolario Emotivo Ricco

Un'altra faccia dell'intelligenza emotiva è possedere un ricco vocabolario emotivo. Esattamente come suggerisce il termine, il vocabolario emotivo è il vocabolario per le tue emozioni. Possedere le parole giuste per descrivere i tuoi sentimenti ti da la possibilità per comprendere e gestire nel modo corretto le tue emozioni. Studi di psicologia cognitiva rivelano che avere le giuste parole per descrivere le cose dà la possibilità a chi parla di rendersi conto, identificare e comprendere le sottili differenze. Per capire meglio questo concetto, vi mostriamo un esempio. Avete mai sentito dello stereotipo secondo il quale gli uomini vedono meno colori delle donne? Psicologicamente parlando, questo non dovrebbe essere possibile. Tuttavia, dal momento che molti uomini non sono abituati a prestare attenzione a certi dettagli, tendono a non avere un vocabolario tale da differenziare il ciano dal turchese. Come risultato, non riescono a notare la differenza tra i due colori.

Ora, cerchiamo di tradurre questo esempio nel vocabolario emotivo. Le emozioni hanno vari gradi di espressione. Semplificare eccessivamente e raggruppare diverse emozioni può sia enfatizzare che dare, invece, poco risalto allo stato emotivo di un individuo. Per esempio, la rabbia non è un'emozione inequivocabile. Opera lungo uno spettro e possiede vari gradi di espressione. Per esempio, la rabbia può essere debole in caso di irritazione, impazienza, dispiacere, fastidio o indifferenza. All'estremo opposto dello spettro e potrebbe anche essere intensa come nel caso di ostilità, aggressività, furia, violenza o disprezzo. Queste emozioni, anche se hanno tutte a che fare con la rabbia, sono mondi completamente separati.

Per darvi un'idea: diciamo che John e Peter si sono ritrovati uno il caffè ordinato dall'altro. John, che possiede un vocabolario emotivo ricco, è infastidito, ma non ne fa un dramma. Riconosce che le circostanze sono solo questo: un fastidio. Peter, invece, non possiede un ricco vocabolario emotivo e, per questo motivo, sa una cosa sola: che è arrabbiato. Le circostanze di John e Peter sono simili, ma entrambi reagiscono ad esse in maniera diversa, per la disparità del modo in cui conoscono le loro emozioni.

3. Pratica Auto-Sufficienza Emotiva

Un altro aspetto dell'intelligenza emotiva è l'auto-sufficienza emotiva. L'auto-sufficienza, in termini semplici, è uno stato di sicurezza e di appagamento verso se stessi. In poche parole, è un modo di sentirsi o una sensazione generale di benessere.

Una persona emotivamente auto-sufficiente è quella in pace con se stessa, qualcuno che non abbia bisogno di qualcun altro per raggiungere un equilibrio emotivo. Tuttavia, bisogna essere messi in guardia su una cosa: le persone auto-sufficienti non prendono le distanze dagli altri. E nemmeno si considerano al di sopra delle altre persone. Se c'è qualcosa che le persone emotivamente auto-sufficienti tendono ad avere è che sono maggiormente capaci di mantenere relazioni migliori con le altre persone.

Quando parliamo di praticare l'auto-sufficienza emotiva, la cosa a cui ci stiamo riferendo è l'abilità di farsi carico delle emozioni e dei sentimenti di una persona, piuttosto che andare costantemente alla ricerca di conferme e di verifiche, da parte di altre persone. Le persone emotivamente auto-sufficienti possiedono un senso di completezza, perché prendono il controllo della loro stessa felicità e del loro benessere. Non passano il fardello della stabilità emotiva alle altre persone. Dal momento in cui si sentono emotivamente sicuri, riescono a connettersi - in maniera più facile - con altre persone. Sono più ricettivi ai criticismi e non risentono dell'essere occasionalmente ignorati. In più, stanno molto meglio a livello emotivo e trovano più semplice enfatizzare con gli altri; questo permette loro di creare significative connessioni.

Riprendiamo l'esempio di John e dei caffè scambiati. John, essendo un individuo emotivamente auto-sufficiente, se ne assume la responsabilità e si calma. È infastidito, ma non si lascia andare e riconosce che dipende da lui mantenere un'attitudine positiva. Non perde le staffe e aspetta che qualcun altro lo tranquillizzi. Piuttosto, cerca di determinare cosa stia provando, di capire cosa questo implichi e agisce di conseguenza.

4. Tu sei Flessibile e non hai Paura del Cambiamento

Abbiamo tutti sentito che l'unica cosa costante in questo mondo sia il cambiamento – ed in effetti è proprio così. In quanto tale, reagire ai cambiamenti è una qualità essenziale nello sviluppo dell'alta intelligenza emotiva.

Le persone con un alto QE sono ben istruite nell'affrontare i cambiamenti. Per prima cosa, sono brave ad accettare i cambiamenti e ad affrontarli. In secondo luogo, sono abbastanza flessibili da adattarsi a nuove situazioni e circostanze. Gli esseri umani tendono a favorire le persone, i luoghi e le circostanze a loro familiari. Dopo tutto, c'è una verità nel dire che ciò che è familiare conforta. Buttarsi a capofitto in qualcosa di nuovo – che sia una cosa, una persona o una situazione - potrebbe confonderti o, addirittura, sconvolgerti. Non preoccuparti, però, perché si tratterebbe di una reazione perfettamente normale. È comprensibile che un drastico cambiamento nella tua vita possa sconvolgerti. La chiave, tuttavia, è il modo in cui ti approcci a suddetti cambiamenti. Mentre un individuo con un basso QE si lascerà abbattere e non sopporterà i cambiamenti, qualcuno con un alto QE farà, invece del suo meglio per riuscire ad accettarli. Tutto ciò ci riporta al tema della flessibilità.

La flessibilità permette ad una persona, non solo di reagire, ma anche – fattore più importante – di adattarsi ai cambiamenti. Le persone con un alto QE tendono a prosperare di più in mezzo ai più grandi cambiamenti della vita, perché sanno come modificare il loro stile di vita ed il loro comportamento, così da provvedere alle richieste delle nuove circostanze. Piuttosto che sprecare le loro energie emotive ad essere infastiditi dai cambiamenti, cercano nuove vie per integrarli nelle loro vite. Le persone con un alto QE riconoscono che la tenacia non è sempre sufficiente e che ci sono occasioni in cui devono arrendersi e pretendere il massimo da circostanze sulle quali non hanno il controllo. In un certo senso, la loro mancanza di paura del cambiamento deriva da una profonda conoscenza del fatto che, mentre non possono controllare il mondo intorno a loro, possono – in qualche modo - gestire ciò che provano dentro di loro.

5. Impara come Dire No (a te stesso e agli altri)

Dire "no" è considerato da molte persone come un compito difficile, soprattutto perché la parola "no" porta con sé tanta negatività. Può risultare come un aperto rifiuto e, qualche volta, suonare ostile. Tuttavia, imparare a dire "no", non soltanto agli altri, ma anche a te stesso, può alleggerire significativamente il tuo fardello e impedirti di stressarti troppo. Questo è il motivo per cui gli individui con un alto QE sanno quando dire "sì" - ed uscire, quindi, dalla loro zona comfort - e quando dire "no".

Per prima cosa, discutiamo a proposito del "dire no" a noi stessi. Dire no a noi stessi non significa privarci di cose che vogliamo o che ci renderebbero felici. Piuttosto, ciò implica prendersi un momento per riflettere sulle nostre azioni e sui nostri comportamenti e sapere quando è meglio fermarsi. Per imparare quando è giusto dire "no" a te stesso, devi salvarti dagli impulsi distruttivi, come le abbuffate, lo stare fuori fino a tardi per tanti giorni di seguito, oppure il piangerti addosso nell'auto-compatimento. Dire "no" agli altri è una capacità altrettanto importante da sviluppare, vedendo in che modo è connessa con la pratica emotiva dell'auto-sufficienza e dal momento in cui sei a conoscenza dei tuoi punti forti e delle tue debolezze. Gli esseri umani, in generale, tendono a cercare l'approvazione e lo fanno, tentando di essere servizievoli nei confronti degli altri, tutto il tempo. Mentre essere accomodanti potrebbe essere un atteggiamento sano, di tanto in tanto, farlo regolarmente porta a stancarti, dal momento che potrebbe portarti a trascurare i tuoi bisogni per il benessere degli altri. E dal momento che ti stai effettivamente privando di qualcosa, nello sforzo di accontentare gli altri, non ne ricavi alcuna soddisfazione, bensì diventi solo più sfinito e carico di risentimento.

Pertanto, le persone con un alto QE sono quelle in grado di distinguere le strade per la crescita interiore e le opportunità di rifuggire i comportamenti compulsivi e le voci senza senso, solo per ottenere l'approvazione delle altre persone.

6. Sono Difficili da Offendere (Conoscono la differenza tra accettare una battuta ed essere umiliati)

Non solo avere senso dell'umorismo è segno di un alto QI, ma è segno anche di un alto QE. Gli individui emotivamente intelligenti sanno come gestire senza problemi le situazioni e come ridere delle cose; ciò permette loro di reagire meglio e più facilmente alle critiche.

Considerato questo, è difficile offendere gli individui con un alto QE. Questo non vuol dire che si lascino umiliare o mettere i piedi in testa, perché questo sarebbe un segno indicativo di una bassa autostima e di una poca sicurezza di sé. Al contrario, gli individui con un alto QE sono disinvolti e sicuri di loro stessi. In quanto tali, riescono prontamente ad accettare le critiche ed i giusti colpi al loro carattere. Piuttosto che prendere le critiche sul personale, le vedono come un modo per migliorare le loro maniere e per perfezionarsi. Sono in grado di valutare oggettivamente le loro imperfezioni, senza essere inutilmente critici con loro stessi. Prendiamo John ed il suo tentativo poetico, ad esempio: sapendo di non essere portato per la poesia, decide di partecipare comunque ad un seminario di scrittura poetica. Durante il seminario, un altro corsista - che ha letto il suo lavoro – gli comunica gentilmente che magari è la prosa il campo più adatto a lui. Anziché arrabbiarsi nei confronti dell'altro corsista, John lo ringrazia per la sua onestà e si rende conto dell'imparzialità della sua critica. Non si offende, né considera la critica una testimonianza del suo fallimento. Piuttosto, la accetta come un'opinione oggettiva e non come un attacco personale al suo carattere.

Considerato quanto sopra, coloro che possiedono un alto QE sono molto più ricettivi alle battute. Piuttosto che offendersi alle affermazioni fatte per scherzo, scherzano dei loro stessi errori. Per questo è un piacere avere intorno le persone con un alto QE. Dal momento che non sono eccessivamente sensibili, le persone tendono ad essere più oneste con chi ha un alto QE.

7. Non Portare Rancori

Se hai mai portato rancore (e sono sicuro che tu lo abbia fatto almeno una volta), allora, saprai anche troppo bene quanto possa essere emotivamente gravoso. Portare rancore impedisce ad un individuo di perseguire imprese più proficue, perché troppo occupato a covare emozioni negative.

Le persone con un alto QE non sono così ingenue da portare rancori. Di nuovo, questo non vuol dire che semplicemente perdonano e dimenticano – nota bene che questo potrebbe essere un comportamento potenzialmente dannoso, dal momento che impedisce di imparare dai propri errori e processare correttamente le emozioni. Invece, non portare rancore significa prendere coscienza della gravità dello scenario, processare i sentimenti e imparare da essi, ma non necessariamente rimanere su un tale stato negativo di emozioni che rischia di essere di impedimento per il resto della vita. Per questo motivo, le persone con un alto QE non vanno in cerca di vendetta. Piuttosto, riflettono sull'evento e cercano – per quanto è loro possibile – di imparare dall'accaduto.

Per capire meglio questo concetto, torniamo ad analizzare il caso della poesia di John. Diciamo che dopo qualche tempo, John incontra il corsista che aveva criticato la sua poesia, ma – stavolta – in un seminario di scrittura in prosa. In questo seminario, viene chiesto loro di leggere e valutare i lavori dei loro compagni e, questa volta, tocca a John esporre la sua critica sul suddetto corsista. Anziché dire qualcosa di cattivo sul compagno come rivalsa per la critica che il corsista aveva fatto sulla sua poesia, John rimane obiettivo e composto, scegliendo – piuttosto – di essere imparziale nella sua critica. Non lo infastidisce vedere di nuovo il corsista e averlo intorno non lo confonde. Essendo una persona dotata di un alto QE, sceglie attivamente di non portare rancore verso un altro individuo.

8. Essere Curiosi verso altre Persone

Quando si parla di un alto QE, le persone, spesso, pensano alla relazione che uno ha con se stesso. Tuttavia, l'intelligenza emotiva ha tanto a che fare con come ci connettiamo con noi stessi, quanto con il modo in cui ci connettiamo con le altre persone. Perciò, coloro che posseggono un alto QE sono individui con una genuina curiosità verso gli altri. Bada bene, questo non vuol dire che le persone con un alto QE siano dei ficcanaso. Piuttosto, sono naturalmente interessate alle emozioni e alle esperienze delle altre persone e posseggono una propensione alla curiosità.

Se ti sei mai chiesto come certe persone siano in grado di impressionare tutti intorno a loro, persino chi hanno appena conosciuto, allora la curiosità riguardo le persone potrebbe essere una buona risposta. Coloro che posseggono un alto QE riescono ad attrarre a loro le altre persone, mostrando un genuino interesse nei loro confronti. Dopo tutto, agli esseri umani, in generale, piace un certo grado di attenzione. Le persone con un alto grado di QE sanno come ascoltare e, pertanto, tendono ad essere più empatiche. Questa curiosità verso le altre persone concede a chi possiede un alto QE numerose opportunità di migliorarsi e di cogliere buone abitudini dalle altre persone.

In aggiunta, questa naturale curiosità verso le altre persone permette agli individui con un alto QE un punto di vista più ricco. Piuttosto che essere confinati nelle loro stazioni, nella vita, o in un ristretto circolo sociale, sono capaci di espandere i loro orizzonti. Questo, di conseguenza, consente loro di sviluppare meccanismi di reazione più sani, vedendo come sono sottoposti a numerose circostanze, anche se indirettamente. Essendo curiosi, le persone dotate di un'intelligenza emotiva sono capaci di allenarsi in modo da adattarsi meglio a circostanze inconsuete, così come a trovarsi bene anche in compagnia di persone diverse. E, dal momento che hanno voglia di interagire praticamente con tutti, sono in grado di allenarsi a gestire al meglio le loro emozioni, così da non essere facilmente offesi. Sono anche più accoglienti, in generale, quando si tratta dell'accettare le differenze tra le persone.

9. Sei un Buon Giudice del Carattere

In conclusione, le persone con un alto QE sono, generalmente, brave a giudicare il carattere. Questo è valido per un diverso numero di ragioni. Prima di tutto, le persone con un alto QE sono incredibilmente sicure di loro stesse. Perciò, tendono a capire meglio il motivo per cui le persone fanno ciò che fanno ed hanno una comprensione alquanto corretta delle motivazioni che spingono le persone a comportarsi in un certo modo. In secondo luogo, sono in contatto con le loro emozioni. Dal momento che gli individui con un alto QE possiedono un ricco vocabolario emotivo, riescono anche più facilmente ad comprendere le persone. Sono capaci di processare e capire emozioni complesse, le loro o quelle delle altre persone. Per finire, le persone con un alto QE sono naturalmente curiose verso gli altri, così tendono ad essere anche molto attente. Fanno caso alle sfumature nel carattere di una persona e, per questo motivo, riescono a fare imparziali ed accurate stime dei caratteri delle altre persone.

Comunque, bisogna notare – in questo caso – che c'è una sottile linea tra l'essere bravi a giudicare il carattere ed essere dei moralisti. Il moralismo è un riflesso impulsivo, ovvero, il giudizio spesso non ha una base solida. D'altra parte, essere un bravo giudice del carattere implica il saper osservare e comprendere. Gli individui che sono in grado di giudicare bene il carattere di una persona, tendono ad essere empatici e compassionevoli, piuttosto che moralisti e apatici.

Detto ciò, gli individui con un alto QE spesso tendono a non cadere vittima di distruttivi giochi mentali. Non sono facili da manipolare. Questo accade perché le persone con un alto QE riescono ad aggrapparsi alle loro emozioni e sono capaci di vedere attraverso le persone, il che permette loro di determinare facilmente le vere intenzioni delle persone. In questo modo, sono in grado di proteggere le loro emozioni, piuttosto che tollerare, da parte di altri, – senza rendersene conto – comportamenti manipolativi o emotivamente gravosi, nello sforzo di ottenerne il favore o – al massimo – l'approvazione.

Esempi di Celebrità con un Alto QE

Prima in questo capitolo, abbiamo stabilito che, più di un alto QI, è un alto QE – infatti - a determinare le probabilità di successo di una persona. Ti ho suggerito di pensare a qualcuno che conosci che potrebbe non essere stato il più intelligente della classe, ma che ha finito per avere successo comunque. Ma potresti pensare: "Sicuro, le persone con un alto QE hanno successo, ma possono mai essere così tanto affermate come quei geni che sono praticamente dei pionieri nei campi che hanno scelto?" Beh, la risposta più semplice è "Sì, possono." Prendiamo l'esempio di Ellen DeGeneres, una comica molto conosciuta, famosa per il suo umorismo ed il suo carisma, così come per le sue campagne di sensibilizzazione; lei è il perfetto esempio di individuo con un alto QE e lo dimostra il modo in cui riesce a fondere, con successo, autostima e umorismo. Ellen si è dichiarata come apertamente omosessuale, in un momento in cui farlo sarebbe stata una mossa deleteria per la carriera di una celebrità. Anche avendo dovuto affrontare le critiche, ha sempre mantenuto il suo umorismo, grazie alla sua autostima e sicurezza in se stessa.

Un altro grande esempio di celebrità con un alto QE è Matt Damon. Contrariamente al suo solito ruolo di ragazzo goffo e/o problematico, Matt Damon – nella vita reale – è un individuo con un'immensa stabilità emotiva. Innanzitutto, è molto conosciuto come filantropo e, per anni, ha supportato molte cause politiche ed umanitarie. In più, ha uno dei più duraturi matrimoni di Hollywood, così come alcune delle più longeve amicizie con varie celebrità.

Allo stesso modo, Oprah Winfrey è, senza dubbio, conosciuta come un individuo dotato di intelligenza emotiva. Oprah è sempre stata vista come molto empatica; possiede una profonda capacità di comprendere le persone ed i loro bisogni. A dispetto delle avversità che ha dovuto affrontare all'inizio, è stata capace di trionfare ed è diventata una delle più influenti filantrope nel mondo, che ha dato voce ed ispirato tantissime persone.

Per finire, abbiamo Stephen Colbert, uno dei più famosi ospiti dei programmi notturni in televisione. Il successo di Colbert, per lo più, ha avuto origine dalla sua adattabilità come performer; questo gli ha dato la possibilità di rispondere ai gusti del target della sua audience, nonostante il cambiamento demografico. Difatti, Colbert ha lasciato il segno come "late-night performer" che riesce sempre a cavarsela ed in grado di improvvisare in tempo reale. La sua adattabilità, flessibilità e senso dell'umorismo sono indicativi del suo alto QE.

Come puoi vedere, tutte queste celebrità sono più che individui fortunati o belle facce in televisione o sul grande schermo. Piuttosto, i loro successi possono essere attribuiti – al massimo – al loro alto QE e alla loro abilità genuina e prodigiosa di creare una connessione con le altre persone.

CAPITOLO 6: CERVELLO DESTRO VS CERVELLO SINISTRO

La teoria della predominanza del cervello sinistro sul cervello destro fu avanzata, per la prima volta, dallo psico-biologo e laureato Nobel Roger W. Sperry. Secondo Sperry, gli esseri umani possono essere classificati secondo un maggiore sviluppo del cervello sinistro o di quello destro, a seconda di quale dei due emisferi è il più dominante. Il lato dominante del cervello è percepito come cruciale nel determinare la personalità, gli interessi e le capacità di un individuo.

Gli individui con un cervello sinistro più sviluppato, si dice che siano più logiche, analitiche e metodiche. Questo deriva dalla tipica associazione con il lato sinistro del cervello alle funzioni più analitiche, come la logica, l'ordine, il ragionamento lineare, la matematica, i fatti e la comunicazione verbale. Perciò, gli individui che eccellono nelle materie matematiche o scientifiche vengono considerati quelli con l'emisfero sinistro più sviluppato.

D'altro canto, gli individui che sviluppano il lato destro del cervello sono percepiti come più creativi, artistici, emotivi. Questo perché il lato destro del cervello è associato a processi creativi come l'intuizione, l'immaginazione, il ragionamento olistico, le arti, il ritmo, la comunicazione non verbale e la visualizzazione. Mentre gli individui che possiedono il lato sinistro del cervello più sviluppato, tendono a ricordarci scienziati e matematici, gli individui con il lato destro del cervello più sviluppato sono artisti ed innovatori.

A dispetto della popolarità della teoria della predominanza del lato sinistro del cervello sul lato destro, bisogna ricordarsi che il cervello è un organo complesso. Di certo l'emisfero destro e quello sinistro comunicano tra di loro e lavorano insieme per compiere al meglio varie funzioni. Prendere decisioni, per esempio, potrebbe sembrare come una singola funzione dell'emisfero sinistro del cervello. In realtà, tuttavia, coinvolge entrambi gli emisferi – sia il sinistro che il destro -, facendo funzionare non solo il QI, ma anche il QE.

Per capire meglio l'importanza di far lavorare insieme entrambi i lati del cervello, prendiamo di nuovo in considerazione lo scenario della precedente sezione. Mettiamo che Peter, uno dei subordinati di John, commetta un errore in uno degli elaborati che gli sono stati assegnati. Avendo i minuti contati, John deve prendere una decisione: deve decidere se chiedere a Peter di rifare daccapo l'assegnazione o se assegnarla a Paul, un altro membro del team che lavora meglio di Peter. Prendendo una decisione che sia basata solo sul QI, la scelta più ovvia sarebbe quella di far fare il lavoro a Paul. Utilizzando il QE, invece, John si rende conto che assegnare il lavoro ad un altro membro del team potrebbe rendergli ostile Peter e sfaldare le dinamiche del gruppo. Perciò, John decide di lasciare che sia lo stesso John a rifare il lavoro, ma con un po' di aiuto da parte di Paul. Dunque, possiamo vedere, in questa situazione, come sviluppare il QE aiuti a migliorar le funzioni, non solo della parte destra del cervello, ma anche di quella sinistra.

CAPITOLO 7: I PRINCIPALI COMPONENTI DELL'INTELLIGENZA EMOTIVA

Per migliorare davvero le capacità della tua intelligenza emotiva, hai bisogno di capire meglio ogni tuo talento e di vederlo in azione. Le capacità dell'intelligenza emotiva vanno a braccetto con due competenze fondamentali: la competenza personale e la competenza sociale. La competenza personale è costituita dalla tua autostima e dalla tua capacità di auto-gestione - che si focalizza più individualmente su di te, piuttosto che sulla tua interazione con le altre persone. La competenza personale è la tua abilità di essere consapevole delle tue emozioni e di gestire il tuo comportamento e le tue inclinazioni. La competenza sociale è costituita dalla tua consapevolezza sociale e dalle tue capacità di gestire le relazioni; la competenza sociale è la tua abilità di capire gli umori, il comportamento, e le motivazioni che spingono le altre persone, per migliorare la qualità delle tue relazioni.

Auto-Consapevolezza

L'auto-consapevolezza è la tua capacità di percepire in maniera accurata le tue stesse emozioni, sul momento, e di comprendere le tue inclinazioni nelle più varie circostanze. L'auto-consapevolezza implica il tenere sotto controllo alcune tue tipiche relazioni a determinati eventi, sfide e persone. È importante possedere una scrupolosa comprensione delle proprie inclinazioni; aiuta a cogliere, velocemente, il senso delle proprie emozioni. Un alto livello di auto-consapevolezza richiede un grande sforzo di buona volontà, per tollerare il disagio di concentrarsi su emozioni che potrebbero essere negative.

L'unico modo per comprendere genuinamente le tue emozioni è trascorrere del tempo a rifletterci sopra, cercando di capire da dove provengano e perché si trovino lì. Le emozioni hanno uno scopo, perché sono reazioni a delle esperienze della tua vita; le emozioni vengono sempre da qualche parte. Molte volte le emozioni sembrano venire fuori dal nulla e, per questo, è importante capire perché qualcosa ti stimola una certa reazione. Le persone che riescono a farlo sono in grado di arrivare, in fretta, al nucleo dei sentimenti. Le situazioni che creano emozioni forti richiederanno sempre una più lunga riflessione e, questo prolungato periodo di auto-riflessione, spesso, ti limita dal fare cose di cui potresti pentirti.

Quando si parla di auto-consapevolezza, non si parla di scovare qualcosa nel profondo, segreti oscuri o motivazioni inconsce, ma piuttosto essa deriva dallo sviluppo di un'inequivocabile e trasparente comprensione di cosa ti motiva. Le persone dotate di una forte auto-consapevolezza hanno considerevolmente chiaro ciò che sanno fare bene, cosa li motiva e cosa li soddisfa e, soprattutto, quali persone e situazioni sanno stuzzicarli.

Il fatto sorprendente dell'auto-consapevolezza è che, semplicemente pensandoci, ti aiuta a migliorarne la capacità, anche se – all'inizio - la maggior parte della tua attenzione si focalizza su ciò che fai di "sbagliato". Essere dotati di auto-consapevolezza, significa non avere paura degli "errori" emotivi. Ti dicono cosa dovresti fare diversamente e provvedono a quello stabile flusso di informazioni di cui hai bisogno per capire, mentre la tua vita si realizza.

L'auto-consapevolezza è una dote fondamentale; quando la possiedi, l'auto-consapevolezza rende le altre capacità dell'intelligenza emotiva molto più facili da usare. Più l'auto-consapevolezza cresce, più la soddisfazione delle persone riguardo la loro vita – definita come l'abilità di raggiungere i propri obiettivi a lavoro e a casa – sale alle stelle. L'auto-consapevolezza è così tanto importante per le performance sul lavoro che l'83% dei performer con un'alta auto-consapevolezza sono quelli che producono i maggiori risultati. Solo il 2% dei performer con risultati bassi hanno un'auto-consapevolezza alta. Come è possibile? Quando sei auto-consapevole, è molto più probabile che tu persegua le giuste opportunità, metta impegno nel lavoro e – forse cosa più importante - impedisca alle tue emozioni di tirarti indietro.

Il bisogno di auto-consapevolezza non è mai stato più grande. Guidati dall'errata nozione che uno psicologo debba avere a che fare esclusivamente con una patologia, abbiamo dato per scontato che si debba imparare qualcosa su noi stessi solo in vista di una crisi. Tendiamo ad abbracciare quelle cose che ci fanno sentire al sicuro ed indossiamo i paraocchi, invece, in quei momenti in cui qualcosa ci fa sentire a disagio; ma, in realtà, è l'intera immagine che ci è d'aiuto. Più capiamo la bellezza e le imperfezioni, più siamo in grado di raggiungere il nostro pieno potenziale.

Auto-Gestione

L'auto-gestione è ciò che accade quando agisci o quando non agisci. Dipende dal tuo grado di auto-consapevolezza ed è la seconda parte principale della competenza personale. L'auto-gestione è l'abilità di utilizzare la consapevolezza delle tue emozioni per rimanere flessibile e dirigere il tuo comportamento in una direzione positiva. Questo significa gestire le proprie reazioni emotive nei confronti di situazioni e persone. Alcune emozioni creano una paura paralizzante che può rendere i tuoi pensieri così torbidi, da indurti a credere che la migliore linea d'azione non si trovi da nessuna parte, pur dando per assodato che che ci sia qualcosa che dovresti fare. In questi casi, l'auto-gestione si mostra come la tua abilità di tollerare l'incertezza, nel momento in cui ti capita di esplorare le tue emozioni e le tue alternative. Una volta che hai compreso e costruito il tuo comfort con ciò che stai provando, il migliore corso delle tue azioni ti si mostrerà da solo.

L'auto-gestione è molto più che, semplicemente, resistere ad un comportamento esplosivo e problematico. La più grande sfortuna che le persone affrontano è gestire le loro inclinazioni attraverso il tempo e applicare i loro talenti in una varietà di situazioni. Opportunità ovvie e momentanee per l'auto controllo (ovvero "Sono infuriato con quel maledetto cane!") sono le più semplici da individuare e gestire. I veri risultati arrivano dal mettere in pausa i tuoi bisogni economici, per rincorrere più grandi ed importanti obiettivi. La realizzazione di questi obiettivi è, spesso, rimandata; questo significa che la tua dedizione e la tua auto-gestione saranno testate ancora e ancora. Coloro che sanno gestirsi al meglio sono in grado di vedere le cose, senza spezzarsi. Il successo arriva per coloro che riescono a mettere in pausa i loro bisogni e gestire, costantemente, le loro inclinazioni.

Consapevolezza Sociale

Come prima componente della competenza sociale, la consapevolezza sociale è una capacità fondamentale. La consapevolezza sociale è la tua abilità di accorgerti delle emozioni delle altre persone e capire cosa sta realmente accadendo dentro di loro. Questo, spesso, significa percepire cosa le altre persone stanno pensando e provando, anche se tu non stai provando lo stesso sentimento. È facile lasciarsi trasportare dalle proprie emozioni e dimenticarsi di prendere in considerazione la prospettiva degli altri. La consapevolezza sociale ti assicura di restare focalizzato e di assorbire le informazioni in maniera critica.

Ascoltare ed osservare sono gli elementi fondamentali della consapevolezza sociale. Per ascoltare bene ed osservare cosa ci succede intorno, dobbiamo smettere di fare parecchie cose che ci piace fare. Dobbiamo smettere di parlare, smettere di fare quei monologhi che vanno avanti nella nostra testa, smettere di anticipare i concetti che gli altri stanno per dire e smettere di pensare prima a cosa diremo dopo. Ci vuole pratica per guardare davvero le persone, mentre interagiamo con loro, per farsi un'idea chiara di quello che stanno pensando e provando. A volte, ti sentirai come un antropologo. Gli antropologi passano la vita, guardando gli altri nel loro ambiente naturale, senza lasciare che i loro pensieri o le loro emozioni disturbino l'osservazione. Si tratta di consapevolezza sociale nella sua forma più pura. La differenza è che tu non sarai a 100 metri di distanza, a guardare – con un binocolo – gli eventi che accadono. Per essere socialmente consapevole, devi riconoscere e comprendere le emozioni delle persone, quando sei sul posto, nel bel mezzo della situazione, mentre contribuisci ad essa, essendo tu stesso astuto e consapevole membro dell'interazione.

Gestione delle Relazioni

Nonostante la gestione delle relazioni sia la seconda componente della competenza sociale, spesso, questa capacità attinge alle tue abilità delle prime tre doti dell'intelligenza emotiva: auto-consapevolezza, auto-gestione e consapevolezza sociale. Gestire le relazioni è la tua abilità di usare la consapevolezza delle tue emozioni e quelle degli altri per gestire, con successo, le interazioni. Questo assicura una chiara comunicazione ed un trattamento efficace dei conflitti. La gestione delle relazioni è anche il legame che costruisci con gli altri nel tempo. Le persone che gestiscono bene le relazioni sono in grado di vedere i benefici di connettersi con diverse persone, anche con quelle a cui non sono affezionate. Le relazioni solide sono qualcosa che bisognerebbe ricercare ed apprezzare. Sono il risultato del modo in cui comprendi le persone, di come le tratti e della storia che condividi con loro.

Più è debole la connessione che hai con una persona e più sarà difficile far capire loro il tuo punto di vista. Se vuoi che le persone ti ascoltino, devi praticare la gestione delle relazioni e cercare benefici in ogni legame, specialmente in quelli difficili. La differenza tra un'interazione ed una relazione la fa la frequenza. È un prodotto dato dalla qualità, dalla profondità e dal tempo che spendi ad interagire con un'altra persona.

La gestione delle relazioni rappresenta la più grande sfida, per la maggior parte delle persone, durante i periodi di stress. Quando consideri che, più del 70% delle persone che abbiamo testato hanno difficoltà a gestire lo stress, è facile capire perché costruire relazioni di qualità rappresenti una sfida. Alcune delle situazioni più stressanti e impegnative che le persone si ritrovano ad affrontare sono nell'ambito lavorativo. I conflitti, a lavoro, tendono ad inasprirsi, quando le persone evitano passivamente i problemi, perché le persone non possiedono le capacità necessarie per iniziare una diretta – seppur costruttiva – conversazione. I conflitti, a lavoro, tendono ad esplodere, quando le persone non gestiscono la loro rabbia e frustrazione e scelgono di sfogarsi sugli altri. La gestione delle relazioni ti concede le abilità di cui hai bisogno, per evitare entrambi gli scenari e ti aiuta a trarre il meglio da ogni interazione che tu possa avere con un'altra persona.

CAPITOLO 8: AUTO-REGOLAZIONE CONTRO AUTO-CONTROLLO

I bambini dovrebbero imparare a gestire le loro emozioni e a farlo abitualmente in un ambiente sicuro e incoraggiante. Tuttavia, gli adulti devono controllare da soli le loro emozioni e possedere un alto livello di auto-controllo, per svolgere la funzione di individui produttivi all'interno della società. In particolare, un adulto deve affrontare le conseguenze di quelle emozioni negative che annientano e scoraggiano facilmente, comprese la rabbia, l'ansia e la frustrazione, così da prevenire qualsiasi tipo di reazione che potrebbe avere come risultato un comportamento spiacevole. L'auto-regolazione consente ad una persona di riconoscere lo stimolo che induce una persona ad agire in base alle proprie emozioni e la aiuta tenerle sotto controllo e a reagire in maniera appropriata, di modo da aiutarli in determinate situazioni. Ci sono diverse tecniche che una persona può sfruttare, per migliorare in quest'area di benessere emotivo; sono incluse la meditazione, l'attenzione cosciente (mindfulness) e altre modalità di gestione dello stress. Attraverso la regolazione emotiva, una persona impara come ridurre l'intensità dell'esperienza di un'emozione. Per esempio, una persona che sta soffrendo per la scomparsa di qualcuno che ha amato, potrebbe ricordare una memoria felice che la aiuti a superare la tristezza che sta provando. In alternativa, una persona arrabbiata, può provare a concentrarsi su pensieri felici o divertenti che la aiutino a ridere di quella situazione. La regolazione emotiva coinvolge un elemento che distragga la persona, per permetterle di superare la situazione presente e assisterla, in reazione ad una determinata situazione. È conosciuta anche come "sottoregolazione", che è molto utile per tenere sotto controllo le emozioni, calmare e dare sollievo a qualcuno, in modo da farlo reagire in maniera appropriata e costruttiva.

In più, la regolazione emotiva è utilizzata per controllare i comportamenti compulsivi, come ad esempio lo spendere troppi soldi. Conosciamo tutti qualcuno che compra impulsivamente su Internet e perde soldi perché ha speso troppo. Abbiamo provato tutti la stessa esperienza emotiva di ricevere la busta paga e poi desiderare di comprare qualcosa subito dopo. La regolazione emotiva aiuta a riconoscere questo tipo di esaltazione ed a reagirvi in maniera appropriata, in modo da non cadere in abitudini economiche dannose che possono portare all'esempio sopra citato. Se si riconosce di aver bisogno di pagare le bollette e non ci si può permettere di esagerare nelle spese, si è in grado di fermarsi dal comprare una nuova borsa o un nuovo paio di scarpe; piuttosto è meglio mettere i soldi al sicuro.

Dall'altra parte, c'è la sovra-regolazione delle

emozioni, che – basandosi su una data situazione - enfatizza le emozioni, compresi i momenti di angoscia, ad esempio quando ci si trova nei pressi di un incendio o in una situazione di pericolo. Questa tipologia di regolazione è essenziale, ogni qualvolta si presenti un pericolo e si inneschi un reazione "combatti o fuggi". Tal innesco si sviluppa per dare all'individuo un livello di ansia o eccitazione tale da rispondere alla situazione, in modo da aiutare la persona a scappare o ad aiutare gli altri.

Esempio di Auto-Regolazione

Nancy era un individuo irascibile. Era un'assistente amministrativo che lavorava sodo. Faceva il suo mestiere ad alti livelli, eppure si sentiva sempre inadeguata ed aveva la sensazione di poter sempre dare di più. Nancy divenne un tipo piuttosto dipendente dal lavoro, una che lavorava costantemente ai progetti e che nemmeno la sera si fermava. Ogni giorno pensava al lavoro e non possedeva un giusto equilibrio tra lavoro e vita. Di conseguenza, ogni giorno, si sentiva stanca e l'unica cosa che riusciva a farla andare avanti, durante il giorno, era la caffeina e questo le aveva, pian piano, fatto cominciare a perdere il sonno, perché il suo sistema stava iniziando ad assumerne troppa.

Nonostante fosse piuttosto organizzata, Nancy tendeva a procrastinare uno o due impegni sulla sua agenda, specialmente le cose che non le andava di fare; un giorno, fu la gestione della sua app sul computer e le cose iniziarono ad accumularsi. Poi toccò alla sua scrivania, su cui iniziò ad accumulare le cose. Dopo aver iniziato ad accumulare, via via sempre di più, Nancy ebbe un attacco di panico, quando realizzò di essersi dimenticata un paio di impegni della sua app di lavoro che avrebbe dovuto fare il giorno precedente. Quando se ne rese conto, ne rimase scioccata e andò nel panico. Fu difficilissimo per lei, al tempo, si mise ad urlare e scappò a piangere nel bagno delle donne; stava avendo un crollo nervoso.

Ad ogni modo, il fatto era che Nancy aveva questi crolli nervosi una volta ogni pochi mesi e che sarebbero finiti per diventare sempre peggiori. Nancy realizzò di star passando un brutto periodo, così decise di consultare uno dei suoi colleghi sul da farsi ed imparò alcune strategie di reazione, per imparare a gestire le emozioni e anche per evitare di entrare in una modalità di panico totale.

Il collega di Nancy le consigliò di scrivere quali erano i suoi motivi di stress e cosa le faceva sentire di star oltrepassando il limite. Aveva bisogno di prendere appunti sulle sue emozioni, in modo da poterci tornare sopra in seguito. Poi, le disse come evitare gli attacchi di panico, distraendosi dalla situazione. Nancy, in seguito, divenne molto più consapevole del suo modo di gestire le emozioni e di controllarsi, prima di oltrepassare il limite con un attacco di panico. Dopo quattro mesi di terapia, Nancy era capace di inventarsi modi diversi, per gestire meglio le sue emozioni ed era in grado di controllare i vari fattori stressanti intorno a lei, mettendoli nero su bianco, dando la priorità a ciò che andava assolutamente fatto in un determinato giorno, facendo le cose in modo organizzato.

Come Gestire i Comportamenti Negativi

Il modo di reagire alle emozioni negative è semplice; basta imparare come esercitare il grado di auto-controllo e provare a incrementare le reazioni positive alle emozioni. Piuttosto che reagire ad una situazione, la persona impara ad esternare la propria frustrazione o le proprie ansie, concentrando l'attenzione su quanto c'è di positivo in una data situazione. Per esempio, anziché inserirsi in una gara di urla con i collaboratori o imprecare a profusione, una persona può utilizzare parole positive per incoraggiare qualcun altro, oppure esternare le proprie frustrazioni attraverso la scrittura. Trovare modi creativi per far uscire la propria energia emotiva è essenziale, perché se non la fai uscire in qualche modo rischierà di esplodere e non sarà affatto piacevole. Perciò, è vitale che tu riesca a trovare dei modi piacevoli per farlo e che tu riesca ad essere innovativo nel modo in cui reagisci a differenti situazioni. In qualsivoglia momento tu faccia esperienza di un'emozione negativa, dovresti riconoscerla come un'emozione che stai provando in quel momento, analizzarla e renderti conto se, effettivamente, rispecchia la realtà in cui ti trovi; solo così puoi scegliere un'azione appropriata, che risulterà utile e costruttiva. Questo non sempre capiterà nell'arco di pochi minuti. Potrebbe accadere istantaneamente. La cosa importante è che tu addestri te stesso sul tuo modo di reagire, piuttosto che ritrovarti ad esplodere in una determinata situazione, causando tensioni a te stesso e alla tua relazione con gli altri.

Le reazioni positive sono le migliori, con le emozioni negative di cui facciamo esperienza. Potresti aver sentito parlare del fatto che si può cancellare il negativo con il positivo. Una parola positiva può infondere alla tua mente una grande quantità di energia positiva, mentre una parola negativa può portarti molto stress e ansia. Perciò, è vitale che tu mantenga tutto, intorno a te, positivo ed edificante per la tua salute ed il tuo benessere. Un modo per rimanere positivi è quello di usare la motivazione. Questo aspetto ti permette di concentrarti a motivarti, per essere una persona migliore; fissando i tuoi obbiettivi e vedendo il lato positivo delle cose. Quando fissi un obbiettivo o un bersaglio, per te stesso, cercherai sempre di raggiungere qualcosa e proverai ad inseguirlo con tutta la tua energia. Questo riempirà la tua mente di energia positiva, che ti farà sentire bene e contrasterà, invece, qualsiasi pensiero negativo che potrebbe avvicinarsi alla tua mente.

Esempio Pratico

Facciamo un esempio di come una persona può utilizzare la creatività, per gestire le emozioni negative ed integrarle con la positività. Michael è un lavoratore pigro che va avanti sempre, senza fare niente. Nella maggior parte dei giorni, arriva tardi sul posto di lavoro, con un po' di postumi della sbornia, stanco e puzzando come se non si fosse fatto la doccia la sera prima. Quando non lavora al cafè, trova sempre il modo di sgattaiolare a fumarsi una sigaretta, perché si annoia a morte. Un giorno, mentre fumava una sigaretta con alcuni colleghi, ha iniziato a imprecare contro la sua sorte, dicendo: "Faccio schifo! Non posso credere di vivere in questo posto. Non arriverò mai a niente. La mia vita non ha senso! Ogni tanto non me ne frega un ..., ma oggi davvero non mi importa". Allora, un suo collega del cafè, di nome David, gli disse qualcosa di davvero significativo.

Davide disse a Micheal: "Vedi, Michael, devi tornare in te. Hai bisogno di un obbiettivo o di una visione d'insieme per la tua vita. Capisco che tu ti possa sentire senza speranza, in questo momento. Tuttavia, credo che ci sia un motivo per cui vivere, un qualche obbiettivo o un sogno che vorresti rincorrere. Non pensi che potresti trovarlo?" Michael disse: "No. Non ho alcun sogno e nessuna visione." David replicò: "Perché non fai così, allora? Scrivi le cose che vorresti dalla tua vita e pensa al modo in cui potresti ottenerle, poi scrivi l'obbiettivo che vorresti raggiungere." Micheal, allora, scrisse alcune cose che avrebbe voluto migliorare della sua vita; questo includeva smettere di fumare, smettere di bere e trovarsi una ragazza. David disse: "Vedi? C'è qualcosa che vorresti ottenere nella vita. Io so che potresti raggiungere queste cose se davvero ti metti d'impegno." Dopo questa chiacchierata, Michael si sentì molto felice, e pensò di poter affrontare i passi necessari per smettere di fumare, iniziare a fare sport e fare qualcosa di positivo.

Quindi, cosa è successo in questa situazione? David, che rappresenta il motivatore ispirazionale in questo scenario, ha creduto di poter fare qualcosa di utile per Michael. Avrebbe potuto instillare in lui l'ispirazione di avere un sogno. Micheal si sentiva senza speranza, triste ed arrabbiato, tutto nello stesso momento e, una volta capito di poter avere un sogno ed un obbiettivo per il futuro, si è sentito felice; così quello si è rivelato un momento di successo.

CAPITOLO 9: COME MIGLIORARE L'INTELLIGENZA EMOTIVA SUL POSTO DI LAVORO

Daniel Goleman, un rinomato psicologo, nonché giornalista scientifico, ha pubblicato un libro pionieristico, nel 1995, chiamato "Intelligenza Emotiva".

Il libro ha stampato più di 5,000,000 copie in tutto il mondo, restando il più venduto del New York Times per più di un anno e mezzo.

Il concetto tradizionale del QE ed il suo criterio, basati sul potente lavoro dell'autore, insieme all'applicazione della sua ricerca su quasi 200 organizzazioni globali, sono stati rivoluzionati in modo deciso.

Le qualità chiave per avere successo in un ruolo di comando sono l'intelligenza, la determinazione, la risolutezza e la capacità di avere visione di insieme; ma, come dice Goleman, non sono sufficienti. La ricerca di Goleman, difatti, produce una diversa affermazione. I potenziali leader hanno un forte potere sulla loro intelligenza emotiva. Di conseguenza, il risultato degli affari diventa proporzionato all'intelligenza emotiva di ogni leader influente.

Ma guadagnarsi l'intelligenza emotiva, non è una faccenda che riguardi soltanto i detentori delle posizioni più elevati nelle aziende. Un alto QE - o quoziente emotivo - è la qualità base che ogni impiegato cerca in un potenziale candidato che voglia entrare a far parte della compagnia. Questo aiuta a ridurre la formazione di individui per i ruoli di comando. Perciò, i candidati con il sogno di raggiungere la vetta di ogni organizzazione, dovrebbero essere dotati di un alto QE.

Ora, è ovvio che tu stia pensando al tuo livello di QE. Potresti avere dei dubbi riguardo le possibilità di migliorarlo. Studi hanno confermato che ogni individuo possiede un livello di QE relativamente stabile (a seconda dell'educazione e della personalità); ma se sei pronto a migliorarti, il tuo QE non sarà mai costante.

L'abilità di identificarsi, comprendere, utilizzare e gestire le emozioni in maniera efficace e positiva, aiuta gli individui a comunicare meglio, riduce il cortisolo, alleviando lo stress e l'ansia e disinnesca anche i conflitti. Una ricerca mostra che una persona può beneficiarne in ambito professionale e anche in quello personale.

Modi di Incrementare la tua Intelligenza Emotiva

Se vuoi superare gli ostacoli di un QE basso sul tuo luogo di lavoro, qui ti mostro alcuni modi semplici per farlo.

Gli ingredienti dell'intelligenza emotiva, basati sulla teoria di Daniel Goleman, aiutano a raggiungere strategicamente i tuoi obbiettivi.

1. Potenzia la tua Autocoscienza

L'abilità di comprendere il proprio stesso umore, gli obbiettivi interni e lo stato emotivo, interpretando insieme l'impatto che tutto ciò può avere, si può definire come "autocoscienza". Le persone con un forte senso di autocoscienza sono perlopiù realistiche a proposito della loro personalità e molto sicure di loro stesse. Perciò, riescono a prendersi in giro, senza perdere l'autostima.

Autocoscienza, Improvvisando Azioni

- Allenati ad osservare la fonte e l'influenza delle emozioni nella tua vita di tutti i giorni. Non lasciare che le tue emozioni prendano il controllo delle tue scelte e delle tue capacità di comunicare. L'improvvisa esplosione emotiva potrebbe non essere positiva per te.
- Prova a sconfiggere le emozioni negative quando ti trovi ad avere a che fare con i superiori e anche con i tuoi pari. Non fa male riconoscere le tue ricadute di fronte agli altri.
- Non dovresti sopprimere completamente le tue emozioni; piuttosto gestirle può portarti ad un atteggiamento equilibrato sul posto di lavoro.
- Sei in grado di giudicare i tuoi punti di forza e le tue debolezze, nel miglior modo possibile. Ripercorri le tue passate performance nella testa, alla ricerca di qualche errore da

inesperto nel tuo comportamento nei confronti degli altri.

2. Ottieni una Raffinata Auto-Regolazione

Se sei in grado di dominare ogni azione impulsiva non necessaria o esplosione emotiva, sei un individuo dotato di un gran senso di auto regolazione. Altrimenti, non c'è motivo di preoccuparsi. Con un piccolo sforzo coscienzioso, puoi prendere il volo sopra i diverbi futili.

Le persone con un'auto-regolazione positiva, riescono a conquistarsi la fiducia dei colleghi, dei clienti e delle alte autorità. Possono facilmente adattarsi, a seconda delle situazioni ed accettare un futuro incerto, dopo aver preso una decisione. Queste persone, generalmente, rifiutano le decisioni prese in fretta e, di solito, evitano ogni azione impulsiva e spiacevole.

Misure di Auto-Regolazione

- Quando si presenta una situazione complessa ed emotivamente influenzata, evita di fare azioni immediate.
- Rimani il più lontano possibile dalle politiche d'ufficio o da altri conflitti. Questo ti aiuterà a salvare la tua professionalità e la tua auto-integrità.
- Indipendentemente dall'organizzazione con cui stai lavorando, potresti essere soggetto a stress, frustrazione e ansia. Anziché fingere o lamentarsi tutto il tempo della propria

situazione, prova a reagire alla situazione e risolvere i problemi a modo tuo.

- Trova le tue strade per restare calmo, nel tuo campo professionale e rilasciare lo stress, attraverso esercizi come la meditazione. Non permettere alla mancanza di equilibrio emotivo di prendere il controllo della tua vita e della tua personalità.

3. Potenzia la tua Motivazione

La motivazione è quella componente che aiuta a guidare il tuo essere interiore a riempirsi di passione ed entusiasmo. Finché riesci a mantenerti motivato e ad ignorare i pensieri negativi, la tua produttività è destinata ad andare oltre la tua immaginazione.

Qualità come l'ottimismo, il potere di rivalsa, la dedizione e la devozione motivano i leader e gli altri impiegati a raggiungere gli obbiettivi desiderati. La tua priorità deve essere il risultato a lungo termine e non l'esito immediato che scaturisce da una decisione presa. Un temperamento del genere è d'ispirazione per molti individui che ambiscono al loro successo personale.

Azioni per Restare Motivati:

- Ci sono molte prospettive e molti vantaggi a lungo termine nel tuo lavoro, di cui non sei ancora consapevole. Se ci sono parti della tua responsabilità di lavoro che non ti piacciono, cerca di accettare tali disagi, per il bene di avvantaggiarti nel prossimo futuro. Rimani concentrato sul tuo obbiettivo e cerca di non focalizzarti sugli aspetti negativi dei tuoi problemi immediati.

- Non perder mai la speranza per le prospettive del tuo futuro. All'inizio potresti pensare che questa pratica è impossibile da applicare, quando sei frustrato o agitato, ma devi sapere che sperare nel nostro ottimismo ci tirerà fuori da qualsiasi situazione difficile.

- Ogni tanto, le persone tendono ad essere inefficienti, perché mancano di senso di responsabilità. Pensa a cosa ancora ti manca da raggiungere, così che la tua ispirazione sia sempre mirata a raggiungere i tuoi obbiettivi. Quando ti poni degli obbiettivi importanti, è piuttosto ovvio che la tua motivazione ti porterà grandi risultati, a cadenza regolare ovviamente.

- Cambia ogni negazione in una vibrazione positiva. Puoi ispirare gli altri ad essere motivati, solo se tu stesso ti trovi sul giusto sentiero.

4. Diventa Capace di Empatizzare Genuinamente

La vera abilità di una persona di superare altri professionisti e di rispondere, con integrità, in momenti di bisogno, è l'abilità di mostrarsi empatica nei loro confronti. Trattare le persone con rispetto e con professionalità non richiede un allenamento speciale. Un impiegato che possiede l'abilità di sentire per gli altri, può evitare di stereotiparli e giudicarli in fretta.

Migliora le Tue Capacità di Empatizzare:

- Cerca di calarti in altre situazioni e di valutarle nel modo corretto. In questo modo, potrai facilmente tenerti alla larga dai conflitti.
- Quando ti calerai nelle altre situazioni, potrai effettivamente valutare il punto di vista delle altre persone e giudicare chi ha torto e chi ha ragione. Non c'è niente di sbagliato nell'ammettere pentimento per aver detto o fatto qualcosa di immeritevole.
- Se non hai cattive intenzioni, ma le cose comunque non migliorano, è meglio verificare il tuo atteggiamento nei confronti delle altre persone. Magari, il modo in cui ti interfacci con gli altri, sta dando loro un'impressione sbagliata.
- Ascolta i tuo colleghi e rispondi loro in maniera accurata, piuttosto che fornire risposte brevi e concise. Queste eviterà loro, in ogni modo, di pensare che tu li stia evitando.
- La maniera ideale di risolvere ogni problema legato all'empatia è di trattare gli altri nell'esatto modo in cui vorresti essere trattato tu.

5. Migliora le tue Capacità di Socializzazione

Come professionista, le capacità di socializzazione ti permettono di gestire le relazione con i colleghi e di costruire una rete con nuove persone. Puoi creare nuovi legami con altri, dentro e fuori dalla sede dell'ufficio. Questa abilità non ti sarà d'aiuto solo per guidare il tuo gruppo, ma anche per cambiare e migliorare la produttività dei membri del team. Si sentiranno motivati a votarsi al duro lavoro e all'entusiasmo.

L'abilità sociale è la chiave per diventare un giocatore di squadra, dove puoi controllare gli altri in modo educato, ma fermo. Il tuo team avrà la sensazione che il loro capo stia dando la priorità ai loro bisogni, prima che ai suoi. Dal momento che le tue capacità sociali si sviluppano sempre di più, ti diventerà sempre più facile mantenere relazioni professionali sane.

Modi di Migliorare le Abilità Sociali:

- Non diventare un oratore, piuttosto, cerca di diventare un ascoltatore e fai un resoconto di ciò che gli altri cercano di comunicare. Quando è necessario, sii un comunicatore educato, anche se vorresti rimproverare e accusare chiunque per ogni piccolo incidente.
- La vera arte di persuadere gli altri risiede nel segreto di creare connessioni. Mentre gli altri sentono di esserti così vicini, percepiscono l'urgenza di diventare egualmente affermati e di lavorare sodo per farlo. Il tono professionale, sia nella comunicazione scritta

che in quella verbale, è essenziale per ogni
team leader.

- Cerca di guadagnarti la fiducia delle persone
  che lavorano sotto di te. Questa pratica dà loro
  la confidenza di venire da te, nel momento del
  bisogno e non di nascondere o evitare il
  problema.
- Le persone che lavorano con te non sono tutte
  della stessa natura. Mentre comunichi con un
  individuo, è molto importante che tu
  comprenda bene la sua personalità. Trarrai
  grande beneficio dal saper gestire ognuno di
  loro in un modo unico, attraverso questa
  abilità.

Non puoi guadagnare istantaneamente l'Intelligenza
Emotiva, a domicilio a casa, quando vuoi. Serve tempo e
tanta fatica per amalgamarsi con gli altri ed utilizzare le
tue emozioni per raggiungere i tuoi obbiettivi. Sarebbe
un bel problema se il QE non si potesse raggiungere. Dal
momento che si può migliorare, resta una possibilità per
ogni individuo di diventare un capo influente in un'organizzazione che lavora in armonia con i suoi collaboratori.

CAPITOLO 10: ABILITA' SOCIALI NELL'INTELLIGENZA EMOTIVA

Le abilità o capacità interpersonali sono attitudini che possediamo e che ci aiutano a cooperare con gli altri individui. Ci rendono più facile la comunicazione e rendono significative le connessioni. La nostra comprensione emotiva è il modo in cui comprendiamo le altre persone, i loro sentimenti e il nostro approccio verso di loro.

Ci sono due chiavi di lettura per questo:

1. L'Empatia

L'empatia è un'attenzione alle necessità e ai sentimenti degli altri, entrambe con una priorità nei confronti di un individuo o di un gruppo. L'empatia è un termine più ampio rispetto a compassione, dove non ti senti dispiaciuto per le persone che ti stanno intorno, piuttosto hai la capacità di vedere le cose dalla loro prospettiva. La compassione ci aiuta a costruire un ritratto più concreto delle circostanze in cui si trovano gli altri individui; esso incorpora la comprensione degli altri, il miglioramento degli altri, avere un ruolo amministrativo, utilizzare le loro qualità e promuovere una attiva coscienza politica.

La compassione può, alle volte, essere difficile da raggiungere. Capisci, in maniera sostenibile, come ascoltare i messaggi verbali e non verbali delle persone preoccupate, inclusi gli sviluppi del corpo, i segnali e gli indicatori fisici riguardo i loro sentimenti. Fai domande per scoprire di più su di loro e su cosa stanno sentendo, di modo da poter avere un input per poter comprendere più accuratamente le loro emozioni. Riconosci e osserva i sentimenti degli altri, a prescindere dal fatto che tu possa trovarti in disaccordo. Evita di fare commenti e di mostrare espressioni di giudizio, di biasimo, di rifiuto o di pregiudizio. È meglio lasciare le cose come stanno, quando si hanno differenze di opinione e, semplicemente, dirsi d'accordo con quelle persone che hanno un diverso sistema di valori.

2. Abilità Sociali

Le abilità sociali incorporano un'estesa varietà di relazioni ed attitudini interpersonali. Partono dall'autorità, passando per l'avere un impatto, fino ad avere semplicemente un ascendente. Tutti abbiamo bisogno di avere delle abilità sociali per sopravvivere nel mondo di oggi, dove dobbiamo essere interattivi e competitivi. Il termine "abilità sociali" copre ampio raggio di attitudini ed abilità, come mostrare autostima e sicurezza in se stessi. Costruendo le proprie abilità sociali, come essere persone alla mano con cui parlare, essere dei decenti ascoltatori, essere affidabili e partecipativi, si finisce per risultare più seducenti ed accattivanti agli occhi degli altri. Pertanto, questo accresce l'autostima e la sicurezza, che rende più facile inserirsi nei gruppi sociali e anche comprendere il gruppo a cui tu stesso appartieni!

L'attitudine sociale è un termine eccezionalmente ampio ed è anche utilizzato come parte dell'intelligenza emotiva. In questo tipo di intelligenza, il termine "abilità sociali" allude alle attitudini che ci si aspetta di gestire e che fanno la differenza rispetto agli altri sentimenti. Potresti considerarlo come un fattore di eccessivo controllo, per quanto può essere davvero preciso come capire che, sorridere alle persone le farà sorridere di rimando e che le farà anche sentire sensibilmente più positive.

La conoscenza emotiva inizia con la comprensione dei tuoi stessi sentimenti e poi con la capacità di supervisionarli e di utilizzarli per raggiungere i tuoi obbiettivi. Quando puoi comprendere e supervisionare te stesso, allora, inizi a comprendere le emozioni ed i sentimenti degli altri e questo ha un impatto su di loro.

Cosa Includono le Abilità Sociali?
Il termine "abilità sociali" racchiude in sé un'estesa varietà di abilità, quali:

- Indurre ed Influenzare le Abilità
- Abilità di Comunicazione
- Abilità di Diffondere la Pace

- Abilità di Amministrazione
- Abilità di Gestione del Cambiamento
- Abilità di Intesa
- Abilità di Lavoro di Gruppo

L'ascendente è la caratteristica di impressionare gli altri, di persuaderli con i tuoi pensieri o con una strategia. Gli individui così convincenti o che sono sempre in grado di lasciare il segno, hanno grandi capacità di comunicazione e persuasione.

Abilità di Comunicazione

Le abilità di comunicazione sono cruciali per la conoscenza emotiva. Dovresti avere la capacità di ascoltare gli altri, e per di più di passare sopra le tue stesse considerazioni ed emozioni.

Le abilità del Buon Comunicatore:

- Ascolta chiunque gli stia intorno, assicurandosi di comprendere quanto viene detto e cerca sempre di capire le loro prospettive.
- È sempre pronto ad afferrare i problemi e vuole capire le cose da solo.
- Affronta subito le situazioni problematiche e non aspettare che le cose ti sfuggano di mano.
- Registra e agisci, seguendo i segnali che hai ricevuto e cerca mantenere la comunicazione tranquilla da entrambe le parti.

Abilità di Diffondere la Pace

Scontri e differenze possono emergere in ogni momento e, spesso, saltano fuori quando meno ce lo aspettiamo! La specialità di supervisionare, per risolvere i conflitti è essenziale, sia a casa che al lavoro. Inizia con il monitorare la propria diplomazia e la propria modalità di approccio e si conclude con il ridimensionare le circostanze problematiche.

Se sei un grande paciere, sei in grado di spazzare via le contraddizioni da ogni influenza di confine e di risolverlo. Utilizzerai la condivisione dei sentimenti per potenziare le discussioni ed aprire la comunicazione, così da aiutare ogni gruppo a percepire i sentimenti degli altri e, così, legittimarne anche le affermazioni. Alla fine della discussione, capirai che tutti hanno vinto, mentre i sentimenti negativi hanno perso.

Le Abilità di Amministrazione

Potrebbe suonare bizzarro, incorporare la leadership o le abilità di amministrazione come una peculiarità delle abilità sociali. Indubbiamente, l'intelligenza emotiva è costituita da una parte di spirito di iniziativa, ma c'è anche il resto. La risposta è che queste competenze, insieme alla conoscenza emotiva, sono inseparabilmente connesse. Come abbiamo visto in precedenza, gli individui che tendono a comprendere i loro sentimenti ed anche quelli delle altre persone, tendono a lasciare il segno nella vita degli altri. Forse l'elemento chiave di una valida iniziativa è avere un impatto ed essere in grado di portarsi dietro gli altri è un onore. Alcune persone la chiamano "attrattiva", eppure il senso è più elevato di questo: si tratta di una grande intelligenza emotiva.

Abilità di un Buon Capo

- Sii pronto a spiegare un sogno o una visione, ed entusiasma gli altri.
- Supporta e gestisci le mansioni dei collaboratori, se li consideri responsabili.
- Guida la causa un passo alla volta, solo quando hai una strategia che è stata approvata da tutti.

Abilità di Gestione del Cambiamento

Amministratori e manager per il cambiamento, di successo, abitualmente noti come "catalizzatori per il cambiamento", sono gli individui che permettono al cambiamento di avvenire senza che le persone incluse si sentano distanti. Possiamo tutti capire bene quanto il cambiamento sia davvero stressante. I grandi catalizzatori del cambiamento continuano a tenere tutto in movimento, prendendosi i necessari rischi. Autonomamente, colgono tutti i requisiti necessari al cambiamento ed eliminano i possibili ostacoli. Sfidano le condizioni esistenti e trionfano su di esse. Allo stesso modo, guidano il fronte ed esibiscono le loro abilità.

Abilità di Intesa

È necessario avere la capacità di creare e mantenere i legami con gli altri individui. Costruire questa competenza ti incentiverà a creare migliori connessioni e a perfezionare, in maniera più ampia, la capacità di lavorare e di andare d'accordo, nella vita. Se sei bravo in questo, allora sei uno straordinario organizzatore. Sai costruire e mantenere solide liste di contatti e legami.

Sei bravo a costruire compatibilità e, in più, a mantenerti in contatto con tutti le persone con cui hai stretto dei legami. Gli individui particolarmente predisposti in questo si riconoscono perché hanno molti amici tra i colleghi. Si tratta, nello specifico, di stimare gli altri: occuparsi di loro e di sapere di più su di loro.

Abilità di Lavoro di Gruppo

Ci sono alcune persone che cooperano con altre persone e che creano un lavoro bello e vantaggioso e numerose connessioni. Questa è un'abilità sociale chiave nell'intelligenza emotiva di cui hai molto bisogno. Quando possiedi l'abilità di lavorare in gruppo, tendi a percepire che i tuoi compagni di lavoro siano importanti tanto quanto te e che siano le persone più vicine che hai! Questo accade quando sai che stai dando priorità alla loro dipendenza da te e soprattutto che stai dando immensa importanza ai compiti collaborativi.

Un buon gruppo di lavoratori fa squadra in maniera efficace, condivide compiti e pensieri e coopera per costruire una totalità superiore. Facendo questo, procedono in un'atmosfera gradevole, in cui ognuno si sente il benvenuto a contribuire. Nel momento in cui grandi lavoratori di squadra lavorano in gruppo, il gruppo lavora meglio. Possono anche portarsi dietro diversi individui da altri gruppi e aiutarli a lavorare insieme. Portano con loro un concetto utile di gruppo ed in questo modo coltivano la responsabilità. Potrebbero farlo prendendo l'iniziativa, o potrebbero essere dei sottoposti, in ogni caso, avere individui come questi in un gruppo è un incredibile conquista!

Un Ciclo di Intelligenza Emotiva

Dovresti sapere che le abilità sociali sono più evidenti, se hai una buona intelligenza emotiva. Tuttavia, non si limita alle sole abilità sociali. Piuttosto, è un ciclo che si ripete. Gli individui che imparano a comprendere e a gestire se stessi e i loro sentimenti possono funzionare mirabilmente e in maniera valida con gli altri. Bisogna comprendere che questo fattore è essenziale per costruire la propria conoscenza emotiva.

Le abilità interpersonali non sono essenziali solo nell'ambiente lavorativo, dal momento che la vita sociale può dare profitti anche migliorando le abilità interpersonali. Gli individui con grandi abilità interpersonali sono visti, tipicamente, come speranzosi, calmi, sicuri di loro stessi e attraenti – qualità che tendono ad attrarre e coinvolgere gli altri.

Puoi aumentare le tue abilità interpersonali anche praticando costantemente le conversazioni e le interazioni. Una lista di cose che possono migliorare le tue Abilità Interpersonali, potrebbe includere:

1. Comunicazione Verbale – Cosa dire e come dirlo.

2. Comunicazione Non-Verbale – Cosa comunichi senza le parole, la comunicazione non verbale è un'illustrazione.

3. Abilità di Ascolto – Come decifrare i messaggi sia verbali che non-verbali che ti inviano gli altri.

4. La Negoziazione – Lavorare con gli altri per concludere affari, ottenendo un risultato soddisfacente da entrambe le parti.

5. Risoluzione di Problemi – Lavorare con gli altri per riconoscere, caratterizzare e risolvere i problemi.

6. Prendere decisioni – Esplorare e esaminare le alternative, per accordarsi su scelte di qualità.

7. Assertività – Comunicare le nostre qualità, i nostri pensieri, convinzioni, supposizioni e necessità, apertamente.

Costruire le tue Abilità Interpersonali

Esistono numerose abilità che possono aiutare ad avere la meglio in molti campi della vita e le abilità di cui hai bisogno possiedono diverse parti, quindi hai bisogno di perseverare molto su ognuna di esse. Queste possono essere le basi per diverse attitudini che si basano su abilità interpersonali solide, dal momento che sono applicabili sulle tue connessioni, sui tuoi incontri sociali e sulla tua professione. Senza grandi abilità interpersonali è difficile creare altre competenze vitali, nella vita.

Non come altre competenze di cui potresti aver bisogno di tanto in tanto, le abilità interpersonali sono un aspetto che può servirti sempre!

1. Sii un Ascoltatore Paziente!

Ascoltare non è la stessa cosa che sentire. Creati l'opportunità di ascoltare scrupolosamente ciò che gli altri stanno dicendo, sia attraverso la loro comunicazione verbale che attraverso quella non-verbale.

2. Scegli Accuratamente le Parole

Scegli con cura le parole, mentre conversi con gli altri. Potresti correre il rischio di venire frainteso, ma hai bisogno di farti capire in modo chiaro. Affina la trasparenza e sii fermo quando affermi il tuo punto di vista, mantieniti umile fino anche non vieni criticato per qualcosa che non hai fatto. Incoraggia gli altri a prendere parte alla conversazione e rendi facile la possibilità di rivolgersi a te, per renderti più comprensibile.

Capisci se la tua Comunicazione non Funziona

La comunicazione ogni tanto può concludersi e si può interrompere. Cerca di capire gli ostacoli che hanno causato l'interruzione, per avere una migliore comunicazione, così da poter diminuire la probabilità di una comunicazione interpersonale insufficiente e di impressioni falsate.

Rilassati

Quando siamo apprensivi, tendiamo a parlare più velocemente e a fare più errori. Essere tesi traspare di più dalla nostra comunicazione non-verbale. Piuttosto, cerca di rimanere calmo, osserva e sorridi. Dai alla tua sicurezza la possibilità di brillare e mantieni la tua freddezza mentale.

Chiarisci

Dimostra entusiasmo per la popolazione generale con cui stai comunicando. Fa domande e chiedi delucidazioni o approfondimenti su argomenti che potrebbero essere facilmente giudicati male.

Rimani Positivo

Sforzati di rimanere positivo e allegro. Le persone saranno considerevolmente più attratte da te, nell'evento, se riuscirai a mantenere uno stato mentale edificante.

Mettiti in Relazione

Cerca di capire che gli altri individui potrebbero avere diverse prospettive. Tenta di vedere le cose da un altro punto di vista. Mentre ti guadagni il rispetto e la fiducia degli altri, potresti imparare qualcosa.

Seguendo alla lettera questi consigli, si può facilmente

sviluppare intelligenza emotiva e abilità interpersonali, da utilizzare nelle interazioni sociali.

Semplicemente parlando, l'empatia fa riferimento all'abilità di comprendere i sentimenti delle altre persone in un modo che permette agli individui empatici di condividere e rivivere le esperienze degli altri. Detto questo, l'empatia è un gradino più vicino alla compassione, che è semplicemente la capacità di curarsi dei sentimenti degli altri. Per farti capire, prendiamo un gruppo di amiche: Anna, Maria e Joan. Mettiamo il caso che Anna abbia perso improvvisamente entrambi i genitori in un incidente. Mary è molto compassionevole con lei, capisce quanto debba star male. Comprende che Anne possa avere il cuore infranto e che possa ancora sentirsi scioccata, per via dell'accaduto, così si preoccupa del suo benessere. Nonostante i suoi sentimenti di compassione, tuttavia, non ha idea di cosa possa dire o offrire ad Anne, data la grandezza della sua perdita. Dall'altra parte, invece, Joan empatizza con Anna. Joan non ha passato quello che ha passato Anne, ma riesce comunque a sentire il suo dolore. Non solo Joan comprende completamente cosa Anne stia passando in quel preciso momento, ma si mette in relazione a quel dolore. Detto ciò, Joan è in grado di offrire parole di consolazione che provengano dal cuore. Joan sa esattamente cosa dire ad Anne per farle sapere che non è da sola, ma senza annullare – in questo modo – i suoi sentimenti.

Sviluppare l'empatia, implica il mettersi nei panni di qualcun altro. Perciò, un individuo non rimane un passivo osservatore, ma piuttosto, prende parte attivamente alle esperienze di un'altra persona. Detto ciò, per sviluppare l'empatia, bisogna andare oltre ogni nozione preconfezionata ed approcciare agli altri con una curiosità. Non facendosi pregiudizi sulle esperienze degli altri, ogni persona si mette nella condizione di poterne capire meglio il punto di vista. Molti dei nostri pregiudizi hanno origine da una nostra abitudine a guardare dentro di noi, anziché all'esterno, quando ci relazioniamo con le persone. Perciò, se empatizziamo, è necessario dirigere l'attenzione alla persona con la quale stiamo cercando di empatizzare – a cosa stanno facendo e cosa stanno provando. Detto ciò, gli individui profondamente empatici sono coloro che capiscono che le circostanze non dipendono da loro, ma dalle altre persone, per così dire. L'empatia è fondamentale, nello sviluppo del QE, perché richiede che l'individuo sviluppi una profonda comprensione delle proprie emozioni e utilizzi questa comprensione per relazionarsi meglio con le altre persone.

CAPITOLO 12: CONSIGLI PER RAGGIUNGERE UN SUCCESSO CHE DURA TUTTA LA VITA

Cerchiamo ora di capire perché abbiamo bisogno dell'intelligenza emotiva per avere successo nella vita; e soprattutto, se gioca un ruolo così cruciale, come si può migliorare?

Nel momento in cui la conoscenza emotiva fu notata dalle masse e furono fatte considerazioni e ricerche sull'argomento, fu fatta una rivelazione davvero unica e scioccante: le persone con un QI più basso tendono ad avere più intelligenza emotiva, rispetto alle persone con un QI più alto. Matematicamente parlando, ci troviamo sui 7:3 e questo è stato piuttosto difficile da digerire per le persone intelligenti. Si erano sempre ritrovati a pensar che la loro unica fonte di progresso fosse il loro QI. Molti anni di ricerca, ora indicano la comprensione emotiva come la componente base che separa gli intrattenitori celebri dagli uomini comuni.

La conoscenza emotiva è un "sentimento" presente in ognuno di noi ed è assolutamente tangibile. Influenza il modo in cui ci comportiamo, esplora le nostre stesse complessità sociali e guida le nostre scelte, affinché possiamo raggiungere risultati positivi. L'intelligenza emotiva comprende quattro attitudini che sono racchiusi a loro volta in due competenze fondamentali: personale e sociale.

L'Intelligenza Emotiva Aiuta a Prevedere la tua Prestazione

Quanto effetto ha l'intelligenza emotiva sul raggiungimento dei tuoi risultati? La risposta breve sarebbe "Davvero molto!" È un approccio da concentrare sulla tua vitalità, sul seguire la direzione che ti sei prefissato e sul raggiungere risultati soddisfacenti.

La tua conoscenza interiore è la base di importanti competenze che hanno un forte impatto su tutto ciò che fai, regolarmente. Potresti, decisamente, diventare un celebre intrattenitore anche senza intelligenza emotiva, ma le possibilità sono minori o semplicemente poco probabili.

Normalmente, gli individui con un alto livello di conoscenza emotiva hanno più successo. In genere guadagnano 24,000 € in più all'anno, rispetto agli individui con un livello di intelligenza emotiva più basso. Il nesso tra conoscenza emotiva e profitto personale è subito chiaro, ogni piccolo incremento della conoscenza emotiva aggiunge 1,100 € al salario annuale. Queste scoperte rimangono costanti per le persone in tutte le imprese e sfere della vita. Non esiste un compito o un lavoro in cui le assegnazioni o il salario non siano strettamente collegati con l'intelligenza emotiva!

Il conseguimento di un risultato e la gioia sono ciò che dobbiamo ricercare di più nella nostra vita. Purtroppo, si insegna poco a scuola su come fare progressi, una volta finito il percorso scolastico. Progressivamente, quello che ci si aspetta che abbia la meglio nella vita e nella professione di una persona passa davanti ai traguardi scolastici. Per esempio, una volta che hai dimostrato di avere le abilità richieste e che hai passato il test del QI per un impiego, è provato che l'intelligenza emotiva mantenga il controllo per l'8%.

Come Aumentare l'Intelligenza Emotiva?

La corrispondenza tra i tuoi sentimenti e gli approcci razionali sono entrambi diretti dal cervello. Questo è il sentiero per la conoscenza emotiva ed inizia nella tua mente. I tuoi sensi diretti entrano in questo sentiero, raggiungono la parte frontale della tua mente e ti lasciano riflettere sulla tua esperienza. Per prima cosa, attraversano la struttura limbica, dove si producono le emozioni. Questo ti permette di avere una reazione emotiva alle situazioni prima che la nostra ragionevole personalità possa bloccarla. La conoscenza emotiva richiede una corrispondenza potente tra i nostri approcci pratici e quelli sentimentali.

La "Plasticità" è il termine che i neurologi utilizzano per determinare la capacità del telencefalo di cambiare. Dal momento che comincerai a trovare e allenare la tua nuova conoscenza emotiva e le tue attitudini, miliardi di piccoli neuroni – rivestendo le vie tra i nuclei normali ed emotivi della tua mente – espanderanno loro piccole "braccia", che prenderanno la forma di rami d'albero ed entreranno in contatto, alternatamente, con altre cellule. Una singola cellula può creare 15.000 collegamenti con le cellule vicine! Questa reazione a catena di evoluzione ci aiuta a capire che sarà più facile esaminare i nostri sentimenti e controllarli, la prossima volta.

Quando mantieni il tuo cervello in continuo allenamento, provi cose nuove con sincero interesse, la tua mente crea dei nuovi percorsi che si presume diventeranno inclinazioni. Qualche tempo dopo, inizi a reagire a ciò che ti sta intorno in maniera emotiva, piuttosto che stressandoti della tua accresciuta intelligenza emotiva. Allo stesso modo, la tua mente rafforza l'utilizzo di nuove pratiche e le associazioni fanno sparire le vecchie e negative abitudini o, quantomeno, tendono a ridurle molto bene,

Trucchetti e Consigli per Migliorare l'Intelligenza Emotiva

L'Intelligenza Emotiva è fondamentale nel predisporre, nel far progredire, poi mantenere ed infine migliorare gli stretti legami individuali. Non come per il QI, che essenzialmente non cambia nel corso della vita, il nostro QE può crescere e migliorare, se vogliamo impararlo e svilupparlo.

Il QE è importante e può avere un impatto fruttuoso sui nostri legami e sulle nostre professioni. In qualsiasi fase della vita ti trovi, puoi utilizzare i sette passi fondamentali che andrò ad illustrarti qui sotto, per aumentare la tua Intelligenza Emotiva e raggiungere una tua attenzione cosciente e la compassione.

1. Lavora sulla Percezione delle tue Sensazioni

Visto il tempo che dedichiamo ad impegnarci, passando da una responsabilità all'altra, dovendo rispettare le scadenze e reagire a richieste esterne, molti di noi decidono di mettere una certa distanza tra sé ed i sentimenti. Quando lo facciamo, siamo molto più esposti ad agire inconsapevolmente e rinunciamo ad una grande opportunità, per le fondamentali informazioni che i nostri sentimenti stanno tentando di comunicarci!

In qualsiasi momento del tempo, noi reagiamo a qualcosa ed in quel momento stiamo accettando un'informazione a proposito di una specifica circostanza, uno specifico individuo o occasione. La reazione che sperimentiamo potrebbe derivare dal fatto che le circostanze – o la circostanza – ci portano a ricordare delle memorie per noi dolorose.

Quando ci concentriamo su cosa stiamo provando, capiamo di credere nelle nostre emozioni e diventiamo molto più abili a gestirle. Nel caso in cui tu stia imparando la pratica, prova ad accompagnare l'attività con questo:

- Punta l'orologio per ri-centrarti, più volte durante il giorno.
- Nel momento in cui la sveglia smette di suonare, fai un paio di respiri profondi e cerca di capire come ti senti internamente.

- Concentrati su come si presenta quell'emozione. Se è una sensazione fisica, allora quali sono le sue caratteristiche.
- Più riesci a seguirla, più riuscirai a farla diventare la tua seconda natura.

2. Analizza il tuo Stesso Comportamento

Come ho specificato prima, una parte chiave per aumentare la nostra IE è capire come avere a che fare con i nostri sentimenti; cosa che possiamo fare solo se ne siamo pienamente consapevoli.

Mentre ti eserciti a praticare una corretta cosciente attenzione emotiva, concentrati anche sul tuo comportamento. Nota come ti comporti quando ti trovi faccia a faccia con i tuoi sentimenti definitivi e come questo influenza la tua vita di tutti i giorni. Influenza la tua comunicazione con gli altri, la tua efficienza o la tua generale sensazione di prosperità?

Quando ci ritroviamo ad essere più consapevoli di come reagiamo ai nostri sentimenti, è tutto meno che difficile scivolare nella "modalità giudizio" ed iniziare a criticare la propria condotta. Cerca di astenerti dal farlo, in questo momento, perché riuscirai ad essere più onesto con te stesso, se riesci a non giudicarti nel frattempo.

3. Prenditi la Responsabilità dei tuoi Sentimenti e del tuo Comportamento

Questa è, probabilmente, l'impresa più difficile, ma è anche quella che torna più utile. I tuoi sentimenti ed il tuo comportamento hanno origine da te e da nessuna altra persona. Partendo da questo presupposto, sei tu che devi occupartene.

Nel caso in cui ti senti ferito da qualcosa che qualcuno ha detto o fatto e li attacchi, ne sei direttamente responsabile. Non sono stati loro a "costringerti" ad attaccarli, non sono loro ad avere il controllo su di te e le tue reazioni sono, senza alcun dubbio, un tuo compito.

Allo stesso modo, i tuoi sentimenti posso dare le giuste informazioni riguardo la tua esperienza e comprensione degli altri individui e, in più, le tue particolari inclinazioni ed i tuoi bisogni, ma comunque, le tue emozioni non sono compito di qualcun altro. Quando inizi a sopportare questo peso, a prescindere da come ti senti e da come decidi di portarlo avanti, questo influenzerà positivamente tutti gli aspetti della tua vita.

Lavora sul Rispondere, Piuttosto che sul Reagire

Esiste una semplice, eppure vitale, distinzione tra rispondere e reagire. Rispondere è l'inconsapevole procedura di quando ci imbattiamo in un innesco emotivo e continuiamo con la nostra conversazione, in un modo – appunto – inconsapevole che comunica o lenisce l'emozione. Per esempio, se ti senti irritato o aggredito da una persona che si è appena intromessa, mentre parlavi.

Reagire è essere consapevole e sapere cosa provi, quindi scegliere come hai intenzione di continuare la conversazione, con la reazione che stai per mostrare. Per esempio, se ti senti infastidito, rivelando alla persona come ti senti, perché non è stato un buon momento per intromettersi, quando sarebbe stato meglio, etc. etc.

Lavora sull'Empatizzare con Chiunque, incluso te Stesso

Il concetto di empatia riguarda il capire perché qualcuno provi sentimenti o si esprima in maniera eccezionale ed anche avere la capacità di comunicare loro questa comprensione. Si può applicare a noi stessi e agli altri individui. Se eserciti questa capacità, sarai in grado di aumentare la tua IE.

Inizia a fare pratica con te stesso. Quando ti rendi conto di provare emozioni o di parlare in maniera indiscutibile, chiediti: "Perché sono convinto di provare questo/Perché sto facendo questo?" In principio, la tua reazione potrebbe essere: "Non ne ho la minima idea." Ad ogni modo, continua a concentrarti sui tuoi sentimenti e sul tuo comportamento ed inizierai a notare che arriveranno risposte sempre più chiare.

Crea e Proponi un Ambiente Positivo

Mentre fai pratica delle abilità che ho specificato in questo modo:

- Mindfulness (o attenzione cosciente)
- Auto-disciplina
- Empatia

Quindi, fermati un attimo per renderti conto di cosa

stia funzionando in modo ammirevole e delle cose per cui ti senta riconoscente nella tua vita. Creare un potere costruttivo, amplifica la tua soddisfazione personale e finisce per essere contagioso anche per le persone che ti stanno vicine. Eccoti alcuni consigli che ti potrebbero aiutare, in larga misura, ad aumentare la tua intelligenza emotiva:

1. Rimuovere le Emozioni Negative

Probabilmente nessuna parte del QE è più critica della nostra capacità di affrontare adeguatamente le nostre specifiche emozioni negative, di modo che non assumano troppo potere su di noi ed influenzino il nostro giudizio. Con il preciso scopo finale di cambiare il modo in cui ci sentiamo in determinate circostanze, dovremmo prima cambiare la considerazione che ne abbiamo.

2. L'Abilità di Rimanere Calmi e di Gestire lo Stress

Molti di noi sono esperti di preoccupazioni. Il modo in cui gestiamo le circostanze spiacevoli, può suscitare un effetto che vada dall'essere sicuri di sé all'essere reattivi, dall'essere equilibrati all'essere esausti. Nel momento in cui ci troviamo sotto stress, la cosa fondamentale che dobbiamo ricordare è di rimanere tranquilli.

3. L'Abilità di Mostrare Assertività e di Mostrare Emozioni Complesse, quando Richiesto

Ci sono momenti, nella maggior parte delle nostre

vite, in cui si dimostra vitale definire i nostri limiti in maniera accettabile, così che le altre persone sappiano dove ci collochiamo. Questo comprende il nostro diritto di non essere d'accordo su qualcosa, ovviamente senza essere maleducati e dicendo "no", senza alcun sentimento di rancore. È importante fissare i nostri bisogni individuali, ottenere ciò per cui abbiamo pagato e tenerci al riparo dalla pressione e dai pericoli.

4. L'Abilità di essere Proattivi, piuttosto che Reattivi

La stragrande maggioranza di noi incontra persone bizzarre, durante la propria vita. Potremmo restare "intrappolati" con qualcuno di questi individui bizzarri a lavoro o a casa. Non è difficile dare ad individui come questi la possibilità di influenzare e rovinare la nostra giornata. Qual è la chiave per rimanere proattivi in circostanze di questo tipo? Dobbiamo cercare i lati positivi o, semplicemente lasciar perdere qualcosa che non ci sta aiutando a procedere, ma che al contrario ci sta rallentando.

5. L'Abilità di Contrattaccare

La vita, generalmente, non è semplice e lo sappiamo tutti. Il modo in cui scegliamo il nostro modo di pensare, le emozioni ed il modo di agire nei confronti delle difficoltà della vita possono, di frequente, avere come risultato la fiducia, così come la perdita della speranza, il pensiero positivo o il disappunto, il trionfo come il sentirsi sopraffatti. Con ogni circostanza difficile, facciamo esperienza, facciamo domande, per esempio: "Qual è la lezione da imparare qui?" oppure: "Cosa potrei guadagnare da questa esperienza?" o ancora: "Cosa è più importante, ora?" o anche: "Nella vaga speranza che io riesca a concepire idee nuove di zecca, quali sono le risposte migliori?". Più riusciamo a stimolare domande di natura profonda, migliore sarà la qualità delle risposte che otterremo. Fai a te stesso domande produttive, sotto forma di apprendimento e bisogni, solo allora potrai acquisire il punto di vista migliore per aiutarti a gestire situazione del momento.

6. L'Abilità di Esprimere le tue Emozioni Intime

La capacità di esprimere, con successo, e di approvare delicati sentimenti di affetto, è fondamentale per mantenere i legami con le persone. Per questa situazione, essere "di successo" significa offrire sentimenti privati a qualcuno, in una relazione adeguata, in un modo che possa essere sostenibile ed utile ed avere la capacità di reagire positivamente, nel momento in cui l'altra persona agisca allo stesso modo.

L'IE è un Processo che Dura una Vita: Ricordalo Sempre!

L'IE, non è qualcosa che puoi far crescere dentro di te e poi gettare via. È una pratica che dura una vita ed è concepibile solo un passo alla volta. Tuttavia, quando ti senti ad un passo dall'essere arrivato, continua sempre ad esercitarti ed otterrai la ricompensa dell'IE per sempre!

CAPITOLO 13: L'ARTE DELLA PERSUASIONE

La ragione per cui coloro che posseggono l'intelligenza emotiva sono così incredibilmente in grado di fare tutto è per via delle loro vaste capacità di persuasione. Sono in grado di contare su di essa e di ottenere esattamente ciò che vogliono, quando vogliono o ne hanno bisogno, perché sanno come convincere le altre persone, senza fare affidamento in alcun modo – o forma - sulla manipolazione.

Quando lo fanno, sono capaci di essere incredibilmente efficienti. Dopo tutto, quale capo preferiresti seguire:

Quello che ti minaccia di picchiarti o ucciderti se gli disobbedisci, o quello che si appassiona veramente alla causa e, vedendola nei suoi occhi, riesce a trasmettertela?

Molte persone preferiscono seguire un capo appassionato, a cui brucia dentro il fuoco. Le persone desiderano fare le loro scelte e i migliori capi lo permettono.

I migliori leader lasciano sempre la possibilità di una scelta e ti permettono di seguirla perché ci credono e credono nella motivazione che ha spinto le persone a prenderla. Dopo tutto, guadagnarsi la fiducia e la devozione è molto più duraturo della cieca obbedienza, estorta con la paura per la propria vita.

Cos'è la Persuasione?

Il termine persuasione si riferisce al metodo di convincimento con cui gli altri sono incoraggiati a credere in qualcosa o a fare qualcosa a cui non erano interessati precedentemente. Con la persuasione, l'individuo è capace di convincere gli altri che la loro causa merita effettivamente di essere seguita e che le altre persone vogliono seguirla – di loro spontanea volontà- perché è nel loro interesse. La persuasione comprende sempre quattro fondamenti chiave:

- Un persuasore
- Un messaggio utilizzato per veicolare ciò che il persuasore vuole
- Un obbiettivo per il messaggio della persuasione
- Un contesto per la persuasione

Sembra piuttosto semplice: c'è una persona che in qualche modo viene convinta di qualcosa. Magari il leader sta cercando di richiamare tutti in un certo luogo per seguirlo in politica. Magari un insegnante vuole guidare una classe ed incoraggiare gli studenti ad ascoltare.

Forse un genitore sta tentando di convincere suo figlio

che è arrivato il momento di andare a dormire, anche se sta facendo resistenza. Poi, c'è il messaggio della persuasione, ovvero ciò che il persuasore comunica, che è ciò che vuole. Il capo potrebbe promettere alle persone che si assicurerà che i loro valori fondamentali siano onorati e sostenuti.

L'insegnante potrebbe dire agli studenti che, se non finiscono il lavoro in classe, avranno più compiti a casa, sapendo che a nessuno studente piacciono i compiti a casa.

Il genitore potrebbe dire a suo figlio che lo vede super assonnato e che, se non va subito a dormire, potrebbe non avere la forza per vedere i suoi amici, il mattino successivo. Tutti questi messaggi hanno lo scopo di incoraggiare l'individuo ad agire in maniera contraria a quelli che sono gli impulsi istintivi dell'individuo stesso.

L'obbiettivo del messaggio è semplice: persuadere l'individuo. Per ultimo, il contesto della persuasione si riferisce alla giusta situazione in cui persuadere qualcuno. Nel momento in cui queste quattro chiavi sono presenti, allora la persuasione può iniziare.

Nonostante la persuasione, incoraggi le persone a comportarsi in modo contrario a come farebbero, se lasciati al loro libero arbitrio, non è necessariamente una cosa cattiva o spiacevole, e nemmeno manipolativa. È più che altro un modo di fornire alle persone più opzioni ed incoraggiarle ad esplorare le alternative che il persuasore raccomanda per loro. Il persuasore non forza le persone.

Il persuasore non cerca di ingannare le persone.

Il persuasore non mente alle persone. Il persuasore, semplicemente, fa delle proposte per loro e questo accade secondo un metodo convincente che incoraggia le persone a seguirlo. Le persone cambiano idea seguendo la loro volontà, non perché il persuasore impone loro che altrimenti dovrebbero affrontare chissà quali conseguenze – un atteggiamento che, altrimenti, potremmo definire coercizione.

In assenza di ciò, tuttavia, non c'è nulla di intrinsecamente sbagliato nel modo in cui un leader persuasivo raggiunge i suoi obbiettivi, quando la persuasione rimane nei limiti dell'onestà, dell'etica e dei migliori interessi di tutti.

Gli Elementi della Persuasione

Quando sei pronto ad utilizzare la persuasione, devi tenere a mente i sei elementi della persuasione. Questi sei elementi della persuasione sono un modo sicuro per incoraggiare quelli che ti stanno intorno ad essere più disposti a seguirti, a prescindere da cosa tu stia chiedendo loro.

Possono essere usati in un'ampia gamma di modi: nelle pubblicità, nei media, nei film, nei libri, nei discorsi e in tanto altro ancora.

Puoi utilizzare questi elementi di persuasione in ogni modo e continueranno a mantenere lo stesso effetto.

Potresti leggere un libro scritto e pubblicato da una famosa compagnia di manuali e credere che siano un'autorità, il che potrebbe convincerti a credere alle loro parole, pur non avendo una reale prova, ma se ti trovassi a leggere un articolo di giornale, ti verrebbe, di certo, più spontaneo testare quello che hai letto, per assicurarti che sia effettivamente vero.

Potresti vedere qualcuno di cui ti fidi dire le stesse cose, così come da uno sconosciuto incontrato, per caso, la scorsa settimana e sentirti più incline a crederci perché l'hai sentito dire da una persona a te amica.

Magari ti è capitato di voler lasciare una mancia più alta al ristorante, perché la cameriera ti ha portato una mentina, quando ti ha portato il conto da pagare.

Questi sono tutti semplici principi di come utilizzare i principi della persuasione, anche se potrebbero non sembrarlo. Utilizzare queste tecniche è come prendere una scorciatoia verso una persuasione di successo: le persone si sentiranno naturalmente invogliate a seguirti, quando farai queste cose e a te basterà un piccolo sforzo, per incoraggiarle.

Reciprocità

Il primo principio di cui discuteremo è la reciprocità. Questo è semplice: si tratta di comprendere che sei più incline a fare qualcosa per qualcuno, se qualcuno prima ha fatto qualcosa per te.

La ragione per cui questo funziona, deriva dal sentimento di obbligo che si sviluppa quando ti viene dato qualcosa. Se qualcuno desidera aiutarti o offrirti qualcosa, senti il bisogno di ritornare il favore. Qui torniamo, di nuovo, al tema dell'empatia: vuoi fare qualcosa per le persone che hanno voluto aiutarti perché sei in grado di relazionarti con loro.

Il principio della reciprocità si associa ad un senso di

obbligo di cui le persone sono completamente inconsape-
voli e di cui non hanno mai sentito parlare.

Ripensa alle capacità di cui abbiamo fatto una lista
nel precedente capitolo. Questo è quello che succede
quando agevoli le relazioni.

Ti inserisci nelle situazioni e nelle interazioni, chiedendo a te stesso cosa potresti fare per l'altra persona.

Sei alla costante ricerca di modi diversi per aiutare le
altre persone, che sia attraverso il tuo desiderio di essere
apprezzabile o per via della tua consapevolezza che
guiderà le persone a sentirsi vincolate a te in futuro.

Così, ti sarà più facile ottenere ciò che vuoi, la prossima volta che chiedi un favore, perché l'altra persona si
ricorderà di quella volta che l'hai aiutata e vorrà ritor-
narti il favore.

Per esempio, immagina di aver ricevuto un regalo di
compleanno da un conoscente. Non pensavi che quella
persona si sentisse tanto vicina a te da volerti fare un
regalo in un occasione di scambio di regali, ma nel ricevere un regalo di compleanno, hai sentito la pressione
sociale di dover ricambiare con un regalo di uguale
valore alla prossima ricorrenza in cui ci sarà l'occasione
di uno scambio di regali.

Arriva il compleanno di quest'altra persona e tu senti
che dovresti farle il regali, anche se non avresti mai
pensato di farglielo. Così, decidi di farlo perché ti senti in
dovere.

Questo concetto può essere utilizzato anche in altre
situazioni.

Puoi promettere ad una persona di volerla aiutare per
un lavoro e quella ti sarà sicuramente grata per averla

assunta; poi quando gli chiederai il piccolo favore – ad esempio, di venire a casa tua ad innaffiarti le piante, quando sei fuori città, anche se è il suo giorno libero – lo farà, senza problemi, perché si sentirà in debito con te.

Piacevolezza

La piacevolezza si riferisce a quanto una persona riesca a piacere come individuo. Quando qualcosa è piacevole, è qualcosa che ti piace sotto varie forme. Secondo questo principio, le persone tendono a farsi persuadere da chi trovano piacevole.

Devono sentire una sorta di connessione per aprirsi davvero all'idea della persuasione e senza questa piacevolezza, è possibile che la persuasione fallisca. Dopo tutto, preferiresti fare un favore al tuo migliore amico o ad un ex-fidanzato che ti ha pugnalato alle spalle durante una rottura e rovinato – per un certo lasso di tempo – la scena ideale di un appuntamento?

Molte persone direbbero che preferiscono farlo per il loro migliore amico e la cosa ha perfettamente senso. Preferiamo aiutare chi ci sta simpatico, così quando qualcuno che ci piace ci chiede di fare qualcosa per lui/lei, ci sentiamo più predisposti ad accettare, semplicemente perché quella persona ci piace e non ci facciamo un problema del fatto che la richiesta possa pesarci o meno.

Per fortuna, quando non piaci alla persona che stai tentando di persuadere, che sia perché non la conosci bene o per altre mille motivazioni, possiedi altri tre modi per renderti piacevole agli occhi delle altre persone. Queste tre piccole cose possono ampiamente migliorare le tue possibilità di convincere le altre persone a fare qualsiasi cosa stiate chiedendo loro.

Dovreste essere in qualche modo riconoscibili, il che vuol dire che dovete avere una personalità che spicchi. Semplicemente cercando di apparire come una persona reale, piuttosto che come un estraneo per la persona che stai cercando di persuadere, sarai in grado di avere più possibilità di centrare il tuo obbiettivo. La via più semplice per farlo è fornire un pettegolezzo su di te all'altra persona.

Potresti menzionare di avere un figlio che ha la stessa età del suo. Potresti parlare di una vacanza che stai per fare e di quanto non vedi l'ora di passare del tempo con la tua famiglia a casa.

Potresti anche essere in grado di parlare di quanto hai qualcosa in comune con lo stile o la scelta di un'altra persona in base ad un oggetto. Tutto questo contribuisce a renderti più reale per l'altra persona e, mostrandoti come una persona reale, ti stai essenzialmente assicurando l'attenzione dell'altra persona, piuttosto che perderla.

Poi, se vuoi fare ad un'altra persona un complimento di qualsiasi tipo, sappi che, nel farlo, la stai facendo sentire bene. Il tranello qui, tuttavia, sta se stai mentendo o se stai facendo un complimento che l'altra persona sa essere falso, per qualche motivo; in quel caso potresti essere accusato di mentire ed essere etichettato come individuo poco degno di fiducia, che è esattamente il contrario di quello che stiamo cercando di raggiungere. Scegli qualcosa per cui senti che valga davvero la pena complimentarsi e concedilo all'altra persona, in maniera genuina. Nel farlo, darai loro una spinta di sentimenti positivi e li incoraggerai a continuare ad ascoltarti.

Per finire, dovresti chiarire che tu e le altre persone state lavorando insieme per raggiungere lo stesso obbiettivo. Quando sei in grado di stabilire che, tu e gli altri state davvero lavorando insieme, sei in grado di incoraggiarli a cooperare più scrupolosamente.

Vuoi che le persone percepiscano di essere al tuo stesso livello e così deve essere.

Vuoi che le altre persone credano nella tua causa, tanto quanto ci credi tu e sei tu a decidere le modalità in cui la tua causa, l'articolo che stai vendendo o anche solo le azioni che fai in quel momento, possano portare loro più vantaggio.

Se giochi le tue carte correttamente, le altre persone saranno più disponibili ad accondiscendere alle tue richieste, perché tu ti sei mostrato per quello che sei come una persona piacevole e meritevole delle loro attenzioni e del loro interesse.

Consistenza

La consistenza, anche se potrebbe sembrare come qualcosa di veramente difficile da capire, in realtà è davvero semplice. Le persone vogliono essere viste come consistenti, perché la consistenza è preziosa. C'è un valore intrinseco, nell'essere consistenti, come detta la società.

Coloro che sono consistenti sono più propensi a portare a termine le cose e, quindi, più affidabili. L'affidabilità è una qualità oltremodo desiderata e riconosciuta come vantaggiosa. Quando una persona è affidabile e consistente, significa semplicemente che risulterà familiare, perché prevedibile e la familiarità è una qualità positiva: le persone amano ciò che è familiare e confortante, perché comporta un basso rischio.

La maniera più semplice per utilizzare la consistenza nella persuasione è provando a far essere qualcuno – chiunque – d'accordo su qualcosa che sia relativamente marginale. Devi, essenzialmente, tentare di indurli dire "sì", riguardo a qualcosa. Potresti chiedere loro se fuori il tempo è bello, sapendo benissimo che la giornata è calda, soleggiata e del tutto piacevole. Se il tempo non è buono, potresti chiedere se sta ancora piovendo o se le strade sono messe ancora male.

Vuoi farti rispondere semplicemente "sì" a qualsiasi cosa chiederai loro. Poi, potresti chiedere loro se stanno passando una bella giornata, domanda a cui potrebbero rispondere con un altro "sì". Dopo qualche altra domanda con un "sì" come risposta, hai messo la persona nella mentalità di rispondere "sì" e quando andrai a porre loro domande riguardo questioni importanti, come firmare una petizione per donare alla tua causa o anche farsi carico un progetto extra al lavoro, perché tu non hai tempo per finirlo, l'altra persona si sentirà più bendisposta a rispondere di "sì", perché è stata disponibile fino a quel momento e si trova di umore bendisposto.

Potresti esser in grado di farlo in un altro modo, chiedendo a qualcuno di fare qualcosa di poco conto, come mettere in carica il telefono che un'altra persona gli passerà, mentre si sta dirigendo verso l'altra stanza. Potresti anche chiedere di mettere la tua tazza vuota nel lavandino, visto che questa persona è già in piedi e che sarebbe passata da quella parte comunque.

Magari potresti spingerti oltre e chiedere di portare fuori la spazzatura, dal momento che si trova in cucina. Se dovesse acconsentire, potresti menzionare il fatto che l'altra persona ha bisogno di controllare la posta e prendere anche un pacchetto, infine, potresti chiedere se può anche portare fuori il cane per la sua passeggiata giornaliera, dal momento che deve arrivare alla cassetta delle lettere. Guarda come tutta la situazione è pian piano aumentata fino ad arrivare al culmine di una persona "costretta" a diverse incombenze insieme, perché tu sei stato in grado di chiedergliele con tatto.

Scarsità

Quando hai a che fare con la scarsità, stai essenzialmente usando il fatto che le persone danno sempre un valore maggiore alle cose che, in qualche modo, sono in quantità limitata. Le cose che sono prontamente disponibili non sono mai altrettanto desiderabili come quelle che non sono facili da ottenere, ma non tutti sono bravi ad ottenere ciò che è limitato, per disponibilità e numero.

Se di qualcosa non ce n'è abbastanza per tutti, ci saranno molte più persone a volerlo, automaticamente disposte a pagare di più, per ottenerlo.

Quando vorrai utilizzare il fatto che le persone reagiscono bene alla scarsità, sincerati che le persone sappiano che esiste una finestra limitata di tempo, in cui l'affare che stai tentando di fare è valido.

Il modo migliore per vedere la reale dimostrazione di

questo concetto è nelle pubblicità dei negozi di vendita al dettaglio. Pensa a come le persone si riverseranno a comprare prodotti con sopra un cartellino che segnala un'offerta limitata e tempo determinato che, prima dell'offerta, avrebbero comprato allo stesso prezzo. Questo segnala alle persone che quel prodotto è limitato e che sarà in vendita per un breve lasso di tempo, e questo è abbastanza per incoraggiarle a comprarlo, anche se non gli avrebbero dato neppure una seconda occhiata, se non fosse stato etichettato con l'adesivo dell'offerta limitata. Rendendolo limitato, le persone improvvisamente credono che possieda un valore intrinseco.

Autorità

Anche questo principio di persuasione è piuttosto semplice: le persone sono più inclini a seguire le indicazioni di un esperto, in qualsiasi contesto stiano cercando un consiglio o stiano agendo. Se parli con un avvocato, per esempio, prenderai più in considerazione il suo consiglio legale che quello di chiunque altro, semplicemente perché credi che l'avvocato sia una figura autoritaria nel suo campo.

Allo stesso modo, ti fiderai più di un dottore, quando si tratta di preoccupazioni sulla tua salute, che delle superstizioni della tua prozia e ti fiderai di più del tuo professore in una lezione all'università – come di una vera autorità – quando si tratta di procurarsi del materiale. Esiste una buona motivazione per cui facciamo questo: crediamo alle persone che percepiamo come autorità, come più capaci di fornire giusti consigli e di assicurare i risultati desiderati, semplicemente perché sono figure autorevoli.

Siamo in grado di vedere queste altre persone come più degne di fiducia, perché presumiamo che abbiamo più conoscenza del lavoro, a prescindere da cosa facciamo noi e perché - di quella conoscenza lavorativa – meritano fiducia, semplicemente per via di una maggiore esperienza. Tendi a rimetterti a coloro che ti circondano e che ne sanno di più, perché hanno più possibilità di essere nel giusto.

Questo metodo è relativamente semplice da utilizzare, dunque, anche se non sei un'autorità o un dottore e non hai vere credenziali che valgano una pubblicizzazione. Puoi risultare un'autorità, parlando di qualsiasi conoscenza lavorativa tu abbia, a proposito dell'argomento a portata di mano. La parte importante, qui, è che tu non stia dicendo alle persone ciò che vogliono sentirsi dire, mentendo: devi sempre essere sincero, tutto dipende da come comunichi le informazioni.

Per esempio, se sei un agente immobiliare e vuoi che qualcuno si fidi di più dei tuoi consigli, il modo migliore per assicurarti che l'altra parte lo faccia è assicurarti di avere un complice tra le altre persone. La tua segretaria potrebbe menzionare quanto tu riesca ad abbinare le persone alle case, mentre fa entrare le persone per il prossimo appuntamento. Questo ti porrebbe subito come un'autorità e aprirebbe le menti dei nuovi clienti, rendendoli pronti ad ascoltare cosa hai da dire, perché ti vedrebbero come un'autorità, dal momento che un'altra persona si è riferita a te come ad un individuo abile e di successo.

Prova Sociale

Ultimo, ma non meno importante, la prova sociale è incredibilmente utile per influenzare le persone che ti stanno accanto. Quando ti servi della prova sociale, essenzialmente, stai permettendo all'inclinazione naturale delle persone di allinearsi con coloro che sono intorno a loro. In altre parole, è un gradino superiore al condizionamento di gruppo.

Le persone vogliono piacere e proprio perché possiedono questo innato desiderio di piacere e essere benvoluti, sono più bendisposti a trovarsi a loro agio nelle folle. Se vedono altre persone fare di buon grado qualcosa che non si trovano particolarmente a loro agio a fare, saranno maggiormente portati a farla, perché gli altri la stanno facendo.

Questo atteggiamento può essere facilmente utilizzato per persuadere gli altri. Conosci sempre il tuo pubblico e assicurati di rivolgerti direttamente ad esso.

Se stai cercando di attirare degli studenti del college per una campagna politica, per esempio, devi accertarti di portare con te altri studenti del college.

Devi assicurarti che le tue pubblicità e i tuoi messaggi mostrino altri studenti del college che ti votano.

Devi garantirti che coloro che stai cercando di persuadere, vedano gruppi e audience della loro stessa età, disposti a votarti; solo così saranno bendisposti a darti il loro voto.

In un ruolo di comando, puoi essere altrettanto in grado di utilizzare questo metodo a tuo vantaggio. Se vuoi mettere in riga i tuoi nuovi impiegati con la politica della compagnia, assicurati che ognuno aderisca a suddetta politica, dal primo momento in cui ne vengono in contatto.

Saranno più bendisposti a seguirla, semplicemente perché vedranno le persone intorno a loro farlo e preferiranno seguire di buon grado ciò che fanno i loro colleghi, piuttosto che preoccuparsi di ciò che i loro superiori ordinano loro di fare.

Per finire, le persone sono molto più disponibili a copiare le azioni dei loro colleghi, piuttosto che a fare ciò che i colleghi ordinano loro, così, se seguirai questo metodo, sarai in grado di utilizzare la persuasione in maniera laterale, piuttosto che verticale: ciò significa che utilizzerai la pressione dei pari, piuttosto che gli ordini di un superiore.

CAPITOLO 14: AUTO-DISCIPLINA

Sei capace di andare in palestra ogni mattina alle 7:00, anche se ti senti stanco e preferiresti dormire?

Se ci riesci, congratulazioni! Possiedi un'impressionante auto-disciplina. Bene, in caso contrario, magari, ti piace particolarmente allenarti di prima mattina e lo trovi gratificante, piuttosto che in qualsiasi altra parte della tua usale routine giornaliera.

L'auto-disciplina è una di quelle cose con le quali la maggior parte delle persone si trova a combattere, almeno una volta nella vita. Le persone non sempre sono capaci di convincersi a fare ciò di cui hanno bisogno e quando non sono capaci di farlo, si dice che manchino di disciplina, in particolare quando si tratta di qualcosa di cui quella persona sarebbe capace, ma che ha deciso di non fare, perché non le andava.

Ciò nonostante, l'auto-disciplina, essenzialmente, si concentra sulla tua abilità di auto-controllo: è l'abilità di evitare di fare cose piacevoli, ma che sai essere poco sane, come ad esempio bere troppo o mangiare tre coppe di gelato per cena la sera. Nonostante il fatto che bere un'intera bottiglia di vino o una cassa di birra da sei lattine possa sembrarti una cosa piacevole - la sera o ogni fine settimana - devi riconoscere che si tratta di abitudini poco sane e che dovrebbero essere ridotte al minimo.

L'auto-disciplina, quindi, è la capacità di dire "no" a quella cassa da sei. È questa tua capacità di bere una sola birra, o magari di non berne nessuna, semplicemente perché sai, in fin dei conti, che sarà meglio così. Sei in grado di prendere decisioni più sane o migliori per te, come mangiare un'insalata equilibrata con un petto di pollo grigliato per cena, piuttosto che comprare il nuovo panino con il pollo fritto, perché ha un buonissimo sapore.

Le persone che sviluppano una forte auto-disciplina e che sono capaci di mantenere un livello di controllo su loro stessi, guarda caso, si ritrovano molto più felici di coloro che invece non ci riescono.

Si sentono molto più soddisfatti con loro stessi, perché sanno di poter resistere all'urgenza di agire in maniera poco sana e, per questo motivo, è più facile che acquisiscano una migliore mentalità. Ricorda: pensieri migliori creano emozioni migliori, che creano azioni migliori, che creano più pensieri, anch'essi migliori.

Ti puoi rendere conto da solo che si crea un circolo virtuoso che induce l'individuo a prendere giuste deci-sioni – come, ad esempio, smettere di bere per quel fine settimana. Questo lo porterebbe a sentirsi fiero di se stesso, per aver preso quella decisione, sentendosi quindi incoraggiato a prendere ulteriori buone decisioni, come decidere di allenarsi di mattina, decisione dalla quale ricaverebbe ulteriore soddisfazione.

Questo circolo di buoni sentimenti verso se stesso continua a farlo sentire bene ancora e ancora, perché parliamo di decisioni sane; persino nel caso in cui dovesse venire allettato da una bevuta o da un bel pezzo di torta al cioccolato ad una cena in compagnia di amici. Non solo la sua auto-disciplina lo aiuta a migliorare il suo umore, ma anche la sua salute fisica e tutto questo perché è in grado di controllarsi, anche quando deve affrontare il desiderio.

Perché l'Auto-Disciplina è Importante?

Se non l'avessi già notato, l'auto-disciplina abbraccia l'auto-regolazione, l'auto-gestione e la motivazione, tre delle competenze personali che abbiamo imparato prima. Quindi se padroneggi l'auto-disciplina, essenzialmente, significa che stai già padroneggiando metà delle competenze personali, il che ti permette di continuare a migliorarti nel campo dell'intelligenza emotiva e delle competenze sociali.

L'auto-disciplina è anche incredibilmente importante per queste competenze sociali, perché laterale rispetto alla consapevolezza sociale; il resto delle competenze sociali contano fortemente sull'abilità di un individuo di cambiare i propri comportamenti, per influenzare anche le abilità delle altre persone.

Nel complesso, l'auto-disciplina è la struttura fondamentale dell'intelligenza emotiva. La utilizzi quando ti assicuri di non picchiare quella persona che ti ha appena fatto arrabbiare, per quanto potrebbe sembrarti liberatorio in quel momento. Lo utilizzi quando ti dici di restare calmo e di guidare gli altri, anche davanti ad un conflitto.

La usi quando dici agli altri il motivo per cui dovrebbero prendere una determinata decisione, mentre tu stesso la prendi.

La utilizzi quando ti concentri sugli altri, prima che su te stesso.

Se ti manca l'auto-disciplina e stai provando ad essere un individuo con alti livelli di intelligenza emotiva, pensa alle ripercussioni: non sei destinato ad andare molto lontano.

Finiresti per picchiare qualcuno che ti ha fatto arrabbiare, lasciando che siano le emozioni a controllarti. Mentiresti alle persone, semplicemente perché è più facile, per ottenere i risultati che vuoi, anche se non è in linea con i tuoi valori.

Sei uno che lotta per rimanere motivato a lavoro, senti di odiare tutto ciò che fai che ti stai svendendo per soldi e niente di più.

Senti come se la tua vita fosse senza senso e come se ti stessi buttando via.

L'auto-disciplina, invece, ti rende soddisfatto della tua vita e di ciò che fai.

Sei in in grado di vedere il quadro per intero e di tenere gli occhi sul premio finale. Anche se sai che potresti ottenere una gratificazione istantanea, sai che piuttosto puoi mirare all'obbiettivo finale e vuoi metterci tutto il tuo impegno e tutto ciò è necessario per ottenerlo.

Sviluppare l'Auto-Disciplina

In questo momento, magari, ti starai chiedendo come si sviluppa l'auto-disciplina, soprattutto se sei sempre stata una persona impulsiva. La buona notizia è che farlo è possibile – puoi assolutamente imparare come essere più disciplinato, attraverso pochi semplici passi.

La cattiva notizia è che, per sviluppare l'auto-disciplina è necessario praticarla ancora e ancora, fino a che non diventa facile come se fosse la tua seconda natura. Detto ciò, comunque, ci sono vari modi per farlo. Continua a leggere il resto di questa sezione e troverai dieci metodi che potranno aiutarti a sviluppare la tua personale auto-disciplina. Abbi fiducia, quando inizi a padroneggiare il processo, lo troverai incredibilmente efficace e ti renderai contro che la tua vita non è mai stata migliore.

Comprendi le tue Debolezza

Quando capisci quali sono le tue debolezze, sei in grado di riconoscere le situazioni che ti tentano particolarmente. Quando sei in grado di riconoscere quali sono le cose che ti tentano di più, sarai in grado di fare i passi necessari per evitare di arrenderti.

Qual è il tuo vizio più grande per il quale ti sei sempre arreso e che vorresti eliminare dalla tua vita?

Abbuffarti di dolci? Perdere un sacco di tempo a guardare video di gattini online?

Passare troppo tempo davanti ai videogiochi?

A prescindere da quale sia il vizio che vorresti smettere, identificalo e riconosci perché è la tua debolezza. Quando lo hai riconosciuto, perché non puoi farne a meno?

Per esempio, magari mangi tanti dolci dopo aver avuto una brutta giornata a lavoro. Hai fatto una scorpacciata di frullato, preso al take-away mentre tornavi a casa, oppure hai mangiato un'enorme fetta di cheesecake, perché ti è successo qualcosa di profondamente stressante e le buone sensazioni che ti arrivano dai dolcetti ti aiutano a dimenticare tutta quella negatività.

Riconoscere che le brutte giornate sono il tuo punto debole significa che, la prossima volta che avrai una brutta giornata, sarai preparato. Saprai che ti verrà l'urgenza di mangiare, ma che potrai fermarti, coinvolgendo l'auto-disciplina.

Lontano dalla Vista, Lontano dalla Mente

Ciò che aiuta, quando l'urgenza si fa sentire, è assicurarsi che le cose da cui si sta cercando di resistere siano fuori dalla nostra portata, in quel momento di debolezza. Così come si raccomanda agli alcolizzati o ai drogati di non aver a portata di mano alcun tipo di droga - incluse quelle prescritte sotto le cure e l'assistenza dei dottori - dovresti cercare di assicurarti che le tue debolezze non siano a portata di mano.

Lascia in casa solo cibi sani e, se prevedi di avere una giornata particolarmente brutta, puoi assicurarti di guidare dritto fino a casa, evitando il drive in, per evitare il desiderio di svoltare nel loro parcheggio, in attesa che il semaforo diventi verde, mentre stai tornando a casa.

Rimuovendo la facile reperibilità, ti sarà più difficile arrenderti e perdere la tua auto-disciplina. Più barriere crei tra te e l'oggetto che desideri, più è probabile che tu decida che lo sforzo ulteriore di sentirti in colpa la mattina, non ne valga la pena.

Cambia la tua Visione dell'Auto-Disciplina

Poi, ora che non ti è facile raggiungere l'oggetto dei tuoi desideri, puoi iniziare a cambiare la tua mentalità.

Potresti sentirti debole, ma questo ti porta ad agire come tale.

Ricordi l'esempio caratteristico dell'intelligenza emotiva?

Ritorna qui!

Tu sei debole solo quanto dici di essere e se credi che ti arrenderai, allora, non sentirai lo stesso livello di dedizione, per mantenere la tua auto-disciplina. Inizia, ricordando a te stesso che puoi farlo e che sei più che capace del cambiamento che cerchi di vedere in te stesso. Non importa quanto sia difficile, puoi farcela.

Quando inizi a crederci davvero, inizi a capire che la disciplina è più semplice di quanto di aspettavi, semplicemente perché credi in te stesso.

Pratica

Qui è dove comincia il duro lavoro – qui inizierai attivamente ad implementare l'auto-disciplina e a praticarla. Così come ogni altra abilità che hai mai cercato di padroneggiare, dall'andare in bici, all'imparare una nuova lingua, avrai bisogno di pratica, ripetizione ed impegno. Tuttavia, più impegno ci metti, più sarà soddisfacente il tuo risultato finale.

Con il tempo potrà diventare più difficile, ma quando riuscirai ad oltrepassare l'ostacolo, vedrai che ne è valsa la pena che, da quel momento in poi, filerà tutto liscio. Ovviamente, richiederà parecchio tempo, impegno e sicuramente, qualche fallimento.

Fissare gli Obbiettivi

Il primo passo da praticare è iniziare un nuovo piano d'azione. Devi fissare i tuoi obbiettivi e tenere loro fede. Cerca di creare degli obbiettivi chiari:

Vuoi andare in palestra o vuoi smettere di abbuffarti di dolci o vuoi smettere di guardare video di gatti online, oppure smettere di sprecare su internet le ore in cui non lavori.

Qualsiasi sia il tuo obbiettivo, devi avere un'immagine chiara di come si presenta il tuo successo. Potrebbe essere riuscire a correre per un chilometro e mezzo in un certo lasso di tempo, o magari perdere peso, dopo aver rimpiazzato la tua dipendenza dai dolci con l'assunzione di una piccola quantità di sani, frullati di verdure per soddisfare il tuo bisogno di bibite ghiacciate, senza sentirti in colpa.

A qualunque costo, crea il tuo obbiettivo, fissalo e crea anche delle nuove abitudini. Il modo migliore per superare delle cattive abitudini è allenarti a seguire, al loro posto, delle buone abitudini. Puoi farlo, compiendo delle scelte più sane e, pian piano, impiantando il tuo obbiettivo nel tuo stile di vita, senza tutti quei traumi culturali che ne conseguirebbero, se iniziassi così, di punto in bianco.

Darti la possibilità di abituarti, rende il processo più semplice. Per esempio, se vuoi correre un chilometro e mezzo in sette minuti, potresti iniziare dedicandoti all'uso di un tapis-roulant in palestra, per 10 minuti al giorno. Non devi importi la regola di correre per tutto il tempo – semplicemente, sali sul tapis-roulant e cammina, corri un po', oppure corri per tutti e 10 i minuti.

Dopo qualche giorno, cambia le impostazioni a 15 minuti di camminata veloce e, dopo qualche giorno, puoi cambiarli ancora a 15 minuti di corsa leggera. Con il tempo, potrai lavorare per avvicinarti al tuo obbiettivo.

Trova dei Piani di Riserva per Quando le tue Abitudini non Funzionano

Quando ti capiterà inevitabilmente di fallire, avrai bisogno di un piano di riserva per assicurarti di essere in grado di continuare, dopo che qualcosa non è andato secondo i piani. Quando sei in grado di creare un piano di riserva, sei più bendisposto a proseguire, semplice-mente perché sai come affrontare la situazione. Per esem-pio, il tuo obbiettivo è eliminare le abbuffate di dolci e sai esattamente cosa fare in quei casi in cui ti trovi esposto alle situazioni in cui ci sono dei dolci: tu sai già che cosa fare.

Non ti trovi a dover prendere decisioni sul momento, quando ad una festa ti si presenta davanti una torta o quando, ad una festa tra amici, qualcuno porta fuori un brownie. Sai di avere un piano prestabilito e sei in grado di seguirlo, perché non devi pensare durante quei momenti di confusione e tentazione.

Mantieni Stabile il tuo Zucchero nel Sangue

È provato che le persone non riescono a prendere delle buone decisioni quando la pressione del loro sangue cala. Può ridurre la tua risolutezza e lasciarti scoperto davanti alla tentazione, perché il tuo umore è pessimo e ti senti infelice.

Quando hai fame, sei distratto ed infastidito dalla sensazione di fame e questo può bastare per farti completamente deragliare dal processo che stai tentando di portare a termine. Tuttavia, puoi porre rimedio a questa situazione, con un semplice consiglio: mangia regolarmente.

Se sei in grado di seguire una routine che comprende vari spuntini salutari e di assicurarti di mangiare pasti sani ad orari regolari, allora ti assicurerai di non cadere vittima di decisioni guidate dal tuo stomaco, piuttosto che dal tuo cervello.

Ricompense

I genitori avevano ragione quando hanno iniziato ad utilizzare i premi, perché in effetti, le ricompense mantengono motivati non solo i bambini, ma anche gli adulti.

Quando sei in grado di attuare un sistema di ricompense per te stesso, concedendoti qualcosa, quando ottieni un risultato che ti eri prefissato – come ad esempio un'uscita al tuo negozio preferito, o magari una giornata in spiaggia – ti sentirai più motivato a proseguire con la tua auto-disciplina.

Continuerai a desiderare qualsiasi cosa tu ti sia posto come ricompensa e l'aspettativa della ricompensa è abbastanza, per mantenerti sulla giusta strada.

Potresti avere una piccola soddisfazione ora, oppure la soddisfazione di ottenere la tua ricompensa più avanti.

Non Prendertela con te Stesso per I Fallimenti

Per finire, riconosci i fallimenti che si presentano. Sì, stai cercando di sviluppare la disciplina, che si costruisce sull'essere in controllo, ma gli incidenti capitano. Essere scivolato una volta o due non fa di te un fallimento, né significa che non riuscirai mai ad imparare l'arte della disciplina. Attraverso la pratica, la pazienza e la capacità di perdonarti, quando inevitabilmente fallisci, sei più disposto a continuare.

Se il fallimento è trattato come un inconveniente minore e come un'opportunità di imparare, saresti più bendisposto a continuare, che se lo vedessi come una considerevole sconsideratezza che merita vergogna e castigo. Datti, semplicemente una ripulita e vai avanti, dopo aver fallito. Succede tutti i giorni e, ogni tanto, non c'è nulla di cui vergognarsi.

CAPITOLO 15: IL POTERE DELL'ASCOLTO

Dare un resoconto della performance è uno dei modi più comuni in cui i manager aiutano i loro subordinati ad imparare e migliorare. Eppure una ricerca ha rivelato che il cosiddetto "feedback" può effettivamente rovinare la performance: più di 20 anni fa, uno di noi (Avraham) ha analizzato 607 esperimenti sull'efficacia dei feedback e ha scoperto che il feedback causava il calo della performance nel 38% dei casi. Questo succedeva sia in caso di feedback positivi che negativi, perlopiù perché il feedback metteva a rischio il modo in cui le persone vedevano se stesse.

Una ragione per cui dare un feedback (anche quando è positivo) spesso si ritorce contro è che indica che il capo comanda e che il capo dà giudizi. Questo può causare stress negli impiegati e metterli sulla difensiva, il che può rendere difficile per loro vedere la prospettiva di un'altra persona. Per esempio, gli impiegati possono gestire un feedback negativo, sminuendo l'importanza della persona che glielo ha fornito o sminuendo il feedback stesso. Le persone possono anche rimodellare i loro social network per evitare fonti di feedback, in modo da ripristinare la loro autostima. In altre parole, si difendono dal rafforzare le loro attitudini contro la persona che ha fornito loro il feedback.

Vogliamo esplorare se un intervento più sottile, vale a dire fare domandare ed ascoltare, potrebbe prevenire queste conseguenze. Visto che il feedback comunica agli impiegati che hanno bisogno di cambiare, ascoltare gli impiegati e fare loro delle domande, potrebbe fare venire loro voglia di cambiare, in modo spontaneo. In un testo recente, abbiamo dimostrato sistematicamente che fare esperienze di alta qualità (gentili, empatiche e non giudicanti), può modellare positivamente le emozioni e le attitudini di chi parla.

Cosa Rende l'Ascolto Potente?

L'ascolto, come via d'accesso per cambiare se stessi, fu un'ipotesi sostenuta dallo psicologo Carl Rogers nel classico articolo HBR del 1992 "Barriere e Portali della Comunicazione". Rogers teorizzò che quando gli oratori percepiscono che gli ascoltatori sono empatici, attenti e non giudicanti, si rilassano e condividono i loro sentimenti profondi e i loro pensieri, senza preoccuparsi di cosa gli ascoltatori penseranno di loro. Questo stato di sicurezza abilita gli oratori ad addentrarsi più in profondità nella loro coscienza ed a scoprire nuove conoscenze di loro stessi – anche coloro che potrebbero sfidare credenze e percezioni precedentemente sostenute.

Per esempio, considera un'impiegata che crede di aver

sempre rispettato i sentimenti dei colleghi e dei clienti. Se qualcuno le dicesse che non è vero, questo la porterebbe a proteggere la sua visione di se stessa, sostenendo risolutamente la sua convinzione ed ignorando la critica dell'altra persona. Di contro, se qualcuno le chiedesse di descrivere le sue interazioni con le altre persone durante il lavoro ed ascoltasse con attenzione, incoraggiandola di tanto in tanto ad approfondire, lei si sentirebbe di certo più sicura e si aprirebbe come non avrebbe mai fatto altrimenti. Si potrebbe ricordare di incidenti in cui è stata poco rispettosa con i clienti o in cui si è arrabbiata con gli altri colleghi e sarebbe più aperta a discutere di questi eventi e di modi per migliorare.

Per esempio, in un esperimento in laboratorio, abbiamo assegnato 12 studenti universitari, per fare sia da oratori che da ascoltatori e li abbiamo messi in coppia, facendoli sedere uno davanti all'altro. Abbiamo chiesto agli oratori di parlare per 10 minuti delle loro opinioni riguardo il reddito minimo universale o di un possibile incarico per cui tutti gli studenti universitari avrebbero dovuto proporsi volontari. Abbiamo istruito gli ascoltatori dicendo loro di "ascoltare con la loro maggiore dose di attenzione"; ma, nel frattempo, abbiamo distratto a caso metà degli ascoltatori, mandando loro dei messaggi (come: "Che evento ti ha irritato di più ultimamente?") e li abbiamo istruiti di rispondere brevemente (di modo che gli oratori si accorgessero della loro distrazione). Dopodiché, abbiamo chiesto agli oratori se fossero preoccupati di cosa i loro interlocutori pensassero di loro, se si fossero fatti qualche opinione, mentre parlavano, e se avessero dato l'impressione di essere sicuri di quello che dicevano.

Abbiamo visto che gli oratori accoppiati con i buoni ascoltatori (contro quelli accoppiati con gli ascoltatori distratti) si sono sentiti meno ansiosi e più auto-consapevoli e hanno riportato una maggiore trasparenza riguardo le loro attitudini sugli argomenti. Anche gli oratori accoppiati con gli ascoltatori senza distrazioni hanno riportato di voler condividere il loro comportamento con altre persone, più paragonate con gli oratori accoppiati con gli ascoltatori distratti.

Un altro beneficio dell'ascolto di alta qualità è che aiuta gli oratori a vedere entrambe le facce di un'argomentazione (quella che noi chiamiamo "la complessità di un comportamento"). In un altro testo, abbiamo scoperto che gli oratori che hanno conversato con un buon ascoltatore, hanno riportato attitudini più complesse e meno estreme – in altre parole, non a senso unico.

In un esperimento in laboratorio, abbiamo istruito 114 studenti universitari dell'indirizzo di economia, per parlare 12 minuti del loro allenamento per diventare dirigenti, in futuro. Abbiamo assegnato, a caso, questi oratori ad uno di tre gruppi di ascoltatori (buono, medio, e scarso). Gli oratori nel gruppo di ascolto buono, parlavano o ad un istruttore di management certificato oppure a uno studente qualificato nel lavoro sociale. Abbiamo chiesto a questi ascoltatori qualificati di utilizzare tutte le loro abilità, come fare domande e riflettere. Gli oratori nel gruppo di ascolto medio parlavano ad un altro studente universitario dell'indirizzo di economia che era stato istruito di ascoltare come suo solito. Gli oratori assegnati al gruppo di ascolto scarso parlavano ad uno studente del settore teatrale, istruito per fingersi distratto (ad esempio, guardando in giro o giocando con lo smartphone).

Dopo la conversazione, abbiamo chiesto agli oratori di indicare, in separate sede, chi pensassero che fosse idoneo per diventare dirigente. Basandoci sulle risposte, abbiamo calcolato la complessità dei loro comportamenti (nel caso in cui fossero riusciti a notare sia i punti di forza che le debolezze che avrebbero potuto influenzare la capacità dei candidati di diventare dirigenti) ed il loro estremismo (nel caso in cui si fossero fermati ad uno solo). Abbiamo notato che gli oratori che hanno parlato con i bravi ascoltatori sono riusciti a notarne sia i punti di forza che le debolezze, più che quelli nelle altre condizioni. Gli oratori che hanno parlato con l'ascoltatore distratto hanno descritto perlopiù i suoi punti di forza e a malapena ne hanno riconosciuto le debolezze. Stranamente, gli oratori che si sono ritrovati nella condizione di ascolto più scarsa, sono stati quelli che, in media, hanno riportato le sensazioni più idonee per scegliere il candidato come possibile dirigente.

Abbiamo testato la rilevanza di queste ricerche in tre campi di studio, condotti sugli impiegati della città, sui lavoratori nel campo della tecnologia e sugli insegnanti (180 lavoratori, in totale). In questi studi, abbiamo chiesto agli impiegati di parlare dei loro colleghi, dei loro supervisori, o di significative esperienze di lavoro, prima e dopo aver partecipato ad un intervento di ascolto, conosciuto come "Circolo di ascolto". Nel circolo di ascolto, gli impiegati sono invitati a parlare apertamente ed onestamente di un argomento, come ad esempio un'esperienza significativa che hanno avuto sul posto di lavoro. Sono allenati a non interrompere e può parlare solo una persona alla volta.

Abbiamo riportato tutte le nostre scoperte di laboratorio. Gli impiegati che hanno partecipato al cerchio dell'ascolto riportavano una bassa ansia sociale, una più alta complessità di comportamento ed una più bassa attitudine all'estremismo, in merito a vari argomenti correlati (come l'attitudine nei riguardi di un dirigente), in confronto a impiegati che parteciparono ad uno sulle sindromi di controllo che non coinvolgeva ascoltatori qualificati.

Insieme, le nostre scoperte suggeriscono che l'ascolto sembra rendere l'impiegato più rilassato, più auto-consapevole dei suoi punti di forza e delle sue debolezze e più desideroso di riflettere, non sulla difensiva. Questo può rendere gli impiegati più bendisposti a cooperare (il contrario di competere) con gli altri colleghi – dato che diventano più interessati a condividere le loro attitudini, ma non necessariamente per cercare di persuadere gli altri ed assumerli – e più aperti a considerare altri punti di vista.

Tornando al concetto di dare dei feedback, ovviamente non affermiamo che ascoltare sia meglio che dare feedback. Piuttosto, sembra che ascoltare i propri impiegati parlare delle loro esperienze, per prima cosa potrebbe rendere l'atto di fornire feedback più produttivo, per aiutarli a sentirsi psicologicamente sicuri e meno sulla difensiva.

Consigli per Diventare un Migliore Ascoltatore

Ascoltare ricorda un muscolo. Richiede allenamento, persistenza, impegno e – cosa più importante – l'intenzione di diventare un buon ascoltatore. Richiede l'atto di svuotare la mente dal rumore esterno ed interno e, se questo non è possibile, quello di posporre la conversazione a quando si potrà, veramente, ascoltare senza venire distratti. Qui alcune delle migliori pratiche.

Concedi il 100% della tua attenzione, oppure non ascoltare. Metti via il cellulare, il tablet o il computer a guarda il tuo interlocutore, anche quando lui non ti sta guardando direttamente. In una conversazione normale, chi parla ti guarda di tanto in tanto, giusto per sincerarsi che tu stia ancora sentendo. Un contatto di occhi costante, dà a chi parla la sensazione che tu stia ascoltando.

Non interrompere. Resisti all'urgenza di interrompere, prima che chi parla ti dia il segnale che, per il momento, ha finito. Nei nostri seminari, diamo ai dirigenti la seguente istruzione: "Vai da qualcuno, sul tuo luogo di lavoro, che ti rende davvero difficile ascoltare. Fagli sapere che stai imparando e facendo pratica di ascolto e che quel giorno non farai altro che ascoltare per ... minuti (dove c'è lo spazio bianco potrebbero esserci 3, 5 o anche 10 minuti) e procrastina la risposta fino a che non è finito il tempo predeterminato o addirittura fino al giorno successivo."

I dirigenti rimangono spesso estasiati dalle loro scoperte. Uno condivise: "In sei minuti, abbiamo completato una transazione che altrimenti avrebbe portato via più di un'ora.", un altro ci disse: "L'altra persona ha condiviso con me delle cose che le avevo impedito di dire per 18 anni.”

Non giudicare o valutare. Ascolta senza saltare alle conclusioni ed interpretare quello che stati ascoltando. Potresti fare caso ai pensieri critici, ma cerca di metterli da parte. Se ti accorgi di aver perso il filo del discorso, per via dei pensieri critici, chiedi scusa e spiega alla persona con cui stavi parlando che la tua mente era distratta e chiedi di ripetere. Non fingere di ascoltare.

Non imporre soluzioni. Il ruolo di ascoltatore è quello di aiutare chi parla a trovare una soluzione con le sue sole forze. Perciò, quando ascolti un collega o un subordinato, trattieniti dal suggerire soluzioni. Se credi di avere una buona soluzione e senti la necessità di condividerla, incorniciala in una domanda, ad esempio: “Stavo pensando che succederebbe, se scegliessi di fare X?”

Fai più (buone) domande. Gli ascoltatori modellano le conversazioni, facendo domande che vadano a vantaggio di chi parla. Un buon ascolto richiede di essere ponderati riguardo i bisogni di chi parla. Fai domande per aiutare qualcuno ad immergersi in profondità nei suoi pensieri e nelle sue esperienze.

Prima di fare una domanda, chiediti: “Questa domanda andrebbe a vantaggio di chi parla o soddisferebbe solo la mia curiosità?”. Ovviamente, c’è spazio per entrambe le cose, ma un buon ascoltatore dà la priorità ai bisogni degli altri. Una delle migliori domande che si possano chiedere è: “C’è qualcos’altro?” Questa domanda svela spesso nuove informazioni e crea inaspettate opportunità.

Rifletti

Quando finisci una conversazione, rifletti su quanto hai sentito e pensa alle opportunità perse – momenti in cui hai ignorato potenziali vantaggi o sei rimasto in silenzio quando avresti potuto fare domande. Quando ti sei sentito di essere un eccellente ascoltatore, considera cosa hai ottenuto e come puoi applicare questo tipo di ascolto in circostanze più stimolanti.

CAPITOLO 16: COMUNICAZIONE VERBALE E NON VERBALE

Capisci come leggere le persone?

Riesci, con un'occhiata, a sapere esattamente cosa stanno pensando, senza rifletterci troppo a lungo?

Non tutti hanno questa capacità, ma è una di quelle che ognuno dovrebbe imparare a sviluppare. Senza questa capacità, è più probabile che le persone debbano faticare con le interazioni sociali. Senza riconoscere cosa comunica il linguaggio del corpo di una persona, non sei in grado di identificarne le vere intenzioni. Non essendo in grado di concentrarti sui segnali verbali, potresti perderti importanti indizi che, in un modo o nell'altro, attirano la tua attenzione. Questi scenari sono entrambi negativi, se stai cercando di sviluppare la tua intelligenza emotiva – dopo tutto, se non puoi leggere le più basilari forme di comunicazione di una persona, pensi di essere davvero in grado di comprenderla o di comprendere cosa dirà in qualsiasi momento?

La risposta più probabile sarà "no" e tu non sarai in grado. Fortunatamente per te, tuttavia, puoi fare un punto per imparare questi segnali ed utilizzarli in seguito.

I segnali più basilari che le persone utilizzano, sono quelli verbali e non verbali ed essi possono indirizzare l'attenzione dov'è necessario.

Segnali Verbali

I segnali verbali, probabilmente, sono alcuni dei più ovvi tra quelli che ti potresti trovare ad affrontare. Con questi segnali, devi essenzialmente ascoltare ciò che viene detto ed interpretare, per garantire che ti comporterai e reagirai nella maniera appropriata.

I segnali verbali più elementari a cui ti troverai esposto sono le parole enfatizzate, i segnali organizzativi e i vezzi, a prescindere da quale sia la persona a cui stai prestando attenzione. Ognuno di questi tre tipi di segnali è cruciale per capire e quando ti ci imbatti, possiederai una scorciatoia per capire cosa è stato detto e le sue implicazioni.

Segnali di Enfasi

Un segnale di enfasi si riferisce a cosa un individuo dice, quando sta cercando di dirigere l'attenzione o il focus su qualcosa.

Hai mai notato qualcosa che potrebbe essere definito come un segnale di enfasi, come hai letto in questo libro, fino a questo momento?

Ci sono possibilità che ti sia successo. Questo libro, in particolare, ha utilizzato la parola "Ricorda" più di una volta per enfatizzare un punto che è fondamentale ricordare o che sarà rilevante in seguito. Questo segnale è utilizzato per assicurarsi di catturare la tua attenzione, dicendoti che qualsiasi cosa verrà dopo è degna di nota.

Ovviamente, i segnali di enfasi possono prendere varie forme, come ad esempio: "Questo è importante", oppure usando parole come: "Fai attenzione a questo", o "Fai caso a questo". Quando si ricorre a questo, o quando senti che ci si concentra su qualcosa di importante, è generalmente una buona idea prestare attenzione a ciò che viene dopo.

Di certo, puoi fare un ottimo uso di questi segnali verbali, assicurandoti di includerli, quando parli con le persone intorno a te, se hai davvero bisogno di enfatizzare qualcosa. Potresti rimanere sorpreso di vedere quanto le persone saranno più ben disposte a concentrarsi su quello che hai da dire, se parli con gli appropriati segnali verbali.

Enfasi Organizzativa

Questi segnali comunicano all'ascoltatore che si sta creando una sorta di sequenza. Si è venuto a creare un flusso ed una linea temporale all'interno di ciò che si sta dicendo.

Per esempio, pensa a come ai bambini viene insegnato a scrivere: i paragrafi hanno frasi suddivise per argomento, giusto?

Queste frasi per argomento potrebbero, alle volte, includere qualcosa come: "Prima di tutto, mi piacciono davvero le tigri, perché hanno delle strisce davvero belle", seguito da considerazioni senza senso, sul perché a loro piacciano le strisce. Il paragrafo successivo potrebbe iniziare così: "Poi, alle tigri piace nuotare, anche se sono dei grossi gatti". Osserva come i bambini utilizzano i segnali organizzativi per rimarcare che si sta iniziando a trattare di un argomento differente.

Questo accade, ogni volta, nelle lezioni e nelle istruzioni. Potresti sentire qualcuno dire "Il punto di questa cosa è x", oppure "In secondo luogo, hai bisogno di capire y."

Osserva come il secondo esempio, in realtà, combini un segnale organizzativo – che ti lascia capire che l'argomento della conversazione sta cambiando – con un segnale di enfasi – che ti comunica che dovresti prestare attenzione a ciò che viene dopo.

Potresti utilizzarli anche quando parli, se cambi il soggetto, assicurandoti di citare qualcosa che renda chiaro il fatto che stai, in qualche modo, cambiando il soggetto. Magari, potresti dire qualcosa come: "A questo punto, argomento XYZ", oppure creare una transizione armoniosa che segnali agli altri di spostare la loro attenzione.

Vezzi

L'ultimo dei segnali verbali fondamentali che andremo ad analizzare, sono i vezzi. Questi dipendono molto da chi parla; per identificare quali sono, devi prestare attenzione all'oratore. Di solito, questo è uno di quei metodi, usati per farti capire cosa sta per succedere. Per esempio, potresti aver capito che il capo ha la tendenza ad alzare la voce, quando cambia argomento o quando vuole enfatizzare qualcosa.

Potrebbe annunciare all'improvviso qualcosa, ad alta voce per conto suo, oppure enunciarlo lentamente come se stesse ponderando la parola stessa. Questo è poi seguito da qualsiasi cosa volesse dire. Questa sorta di vezzi ti segnaleranno cosa sta per accadere e potrai utilizzarli per avere una giusta lettura delle situazioni.

Segnali non Verbali

Una volta capiti i segnali verbali, è il momento di discutere di quelli non verbali. Questi segnali comprendono il corpo umano come un insieme, riconoscendo che le persone posseggono un ampio spettro di comportamenti che sono, effettivamente, in modo molto compatibile, basati sulle emozioni.

Quando sei in grado di riconoscere questi segnali non verbali, sarai in grado di controllarti meglio e di sapere, in ogni momento, come stanno coloro che si trovano intorno a te. Quando utilizzi questi segnali non verbali, puoi comunicare molto con coloro che sono intorno a te, anche in maniera inconscia, permettendo alle persone di ascoltare ciò che hai da dire anche solo con una posa autoritaria, oppure inclinando la testa al momento giusto, per dare all'altra persona la certezza che la stai ascoltando.

Questi segnali non verbali si presentano, tipicamente, nelle espressioni, nelle pose e nella vicinanza fisica a cui gli individui si pongono gli uni dagli altri.

Le Espressioni

La stragrande maggioranza delle manifestazioni non verbali proviene dalle espressioni facciali. Quando ti esprimi, il più delle volte, stai comunicando l'emozione che provi in quel momento.

Le persone sono notoriamente pessime a mascherare i loro comportamenti e le loro emozioni e, per questo motivo, puoi facilmente ottenere una buona lettura delle persone intorno a te. Presta attenzione alle espressioni, in particolare alle sette espressioni universali di cui abbiamo discusso in precedenza.

Quando lo fai, devi essere in grado di identificare se la persona con cui stai interagendo si sente a suo agio, triste o pronta ad interrompere del tutto quell'interazione. Per esempio, considera le seguenti espressioni:

- Sorridere, con gli occhi brillanti ed una ruga agli angoli
- Occhi spalancati, con il bianco in mostra tutto in torno, la bocca lievemente aperta e le sopracciglia sollevate in su

Riesci ad identificare le emozioni, in base a queste descrizioni? La prima è la più semplice delle due: il sorriso che crea le rughe intorno agli occhi è, più o meno, la descrizione univoca della felicità. Il secondo, tuttavia, potrebbe essere più difficile da identificare.

Ad ogni modo, si identifica con un'espressione di paura. Riuscendo a capire i modi in cui una persona cambia espressioni, puoi capire molto di quella persona.

Le espressioni possono coinvolgere frequentemente l'utilizzo degli occhi, della bocca, delle sopracciglia e potrebbe sembrarti che coinvolgano anche il naso e le guance.

Le Pose

Con il termine pose, ci si riferisce, in generale, a come si gestisce il corpo. È aperto ed invitante, con spalle rilassate e poca tensione?

Oppure è chiuso e la persona si sta letteralmente chiudendo su se stessa, incrociando le braccia sul petto?

Non importa come l'individuo si mostri, la sua posa dirà moltissimo di lui. Dalla testa ai piedi, ogni parte del corpo cambierà, in maniera naturale durante certi stati emotivi e capirli, sarà un vantaggio prezioso, quando avrai bisogno di leggere altre persone.

Cercando di capire, esattamente, come qualcuno di sente, a prescindere dal fatto che magari la loro comunicazione verbale stia dicendo tutt'altro, potrai decidere meglio come meglio comportarti a proposito dell'interazione con loro.

Quando sei intento a studiare le pose di una persona, devi prestare un'attenzione speciale alle spalle, alle mani, alle braccia e alle gambe. Tutte queste parti sono usate comunemente per trasmettere emozioni e, nel momento in cui lo impari, riuscirai meglio a capire come si sente l'altra persona.

- Braccia incrociate – chiusa e sulla difensiva

- Braccia dietro le spalle – sicura e in pieno
  controllo, oppure nel tentativo di stabilire il
  controllo della situazione
- Piedi orientati in un'altra direzione rispetto
  all'interazione – l'interazione non è gradita
- Pugni chiusi – arrabbiata

Gestione

Questa parte è, perlopiù, dedicata alle mani – le persone hanno la tendenza a gesticolare, per comunicare. Pensa ai bambini che indicano, senza parlare, le caramelle sul ripiano più alto della mensola. È chiaro che indicare sia il modo per comunicare che il bambino desidera davvero la caramella, ma non vuole usare la parola. Questi gesti possono essere usati anche in varie altre situazioni: le persone possono fare un cenno, per attirare l'attenzione, oppure tenere la mano in posizioni specifiche, per comunicare felicità oppure di avere un problema. Un avvocato può usare dei gesti impercettibili, per indicare cosa pensi della deposizione rilasciata da un testimone ed un politico potrebbe stringere le mani in modo da comunicare che possiede il massimo controllo sulla situazione e di essere un'autorità di cui fidarsi.

Qui, alcuni dei gesti più comuni che vedrete utilizzati dalle persone nel mondo:

- Pollici in su – Va tutto bene. Con le mani in
  alto ed i palmi rivolti in dentro – è un segno
  autorevole e che richiama rispetto. Con le

mani in alto ed i palmi rivolti in fuori – indica
un desiderio di fiducia e franchezza
* Picchiettare delle dita, specialmente se su un
orologio – Ci sta mettendo troppo.

Prossimità

La prossimità riguarda quanto vicino un individuo si
pone rispetto ad un altro. Più vicino si metterà rispetto a
te, più vorrà dire che si sente a suo agio. Pensa alla differenza tra due conoscenti di lavoro che camminano
insieme: di certo frapporrebbero tra di loro uno spazio
più grande rispetto a due coniugi.

I coniugi si toccherebbero o resterebbero abbastanza
vicini da potersi toccare con un minimo sforzo, mentre i
due conoscenti manterrebbero una confortevole distanza
l'uno dall'altro. La regola più semplice con questo particolare segnale è quello di ricordare che la vicinanza fisica
è rappresentativa dell'effettiva relazione.

Più due persone sono vicine fisicamente, più sono
vicine emotivamente.

Leggere i Segnali

Quando cerchi di leggere le persone, allora, devi
cercare di riconoscere quanto detto finora. Frequentemente, ciò che qualcuno dice e quello che poi fa, spesso
di contraddicono e, quando questo accade, devi guardare
il linguaggio del corpo.

Il linguaggio del corpo, quasi sempre, riuscirà a

svelare la verità, mentre le parole - più o meno - si possono controllare, con un po' d'impegno.

Presta attenzione a cosa viene detto; le parole possono essere di sicuro importanti, o addirittura fondamentali, a seconda del contesto, ma in definitiva, devi concentrarti sul linguaggio del corpo. Gli occhi e i piedi, in particolare, riveleranno esattamente ciò che una persona desidera: si orienteranno nella direzione di ciò che si desidera in quel momento.

Se le persone in questione vogliono andarsene, allora guarderanno o indirizzeranno i piedi verso la porta, quasi senza ombra di dubbio.

CAPITOLO 17: COME FERMARE LO STRESS USANDO LA TUA INTELLIGENZA EMOTIVA

Essere capaci di concentrarsi, aiuta ad avere successo. Che sia una concentrazione interiore per armonizzarci con noi stessi, le nostre intuizioni e i nostri valori o esterna, per navigare il mondo intorno a noi, affinando la nostra attenzione, è comunque un vantaggio prezioso.

Troppo spesso, tuttavia, la nostra concentrazione ed attenzione viene dirottata, lasciandoci spossati, distratti e incapaci di concentrarci. Nel mio lavoro di coaching con i dirigenti, questo è il tipo di affermazioni che ho sentito più spesso, quando hanno perso la concentrazione (potrei averne pronunciata qualcuna anche io stesso):

- "Mi sento completamente sopraffatto."
- "Il mio carico di lavoro è folle è non c'è mai abbastanza tempo per finire tutto, quando ho le riunioni e devo avere a che fare con situazioni urgenti tutto il giorno."
- "Sono mentalmente esausto a causa della pressione e delle costanti distrazioni del mio

ufficio. Semplicemente non riesco a concentrarmi."

Le distrazioni costanti e la mancanza di tempo, di certo, interrompono la concentrazione, ma anche lo stress gioca un ruolo importante.

Lo stress cronico inonda il nostro sistema nervoso di cortisolo ed adrenalina che manda in corto circuito le funzioni cognitive importanti. Ricercatori hanno studiato gli effetti negativi dello stress sulla concentrazione, sulla memoria e sulle altre funzioni cognitive, per decenni. Le scoperte sono consistenti: lo stress a breve termine alza i livelli di cortisolo (così è chiamato l'ormone dello stress), per brevi periodi, e può far decollare la nostra adrenalina e motivarci a lavorare in maniera più efficiente, in reazione a scadenze imminenti. Lo stress a lungo termine, invece, può portare a una crescita prolungata di cortisolo che può essere tossico per il cervello. Gli scienziati sospettano, anche, che alti livelli di cortisolo, per lunghi periodi, sono i fattori chiave che contribuisco all'Alzheimer e ad altre forme di demenza.

Quando non riusciamo a concentrarci sul lavoro, per via delle distrazioni, questo potrebbe portarci a sentimenti di stress, perché non ci sentiamo produttivi; questo ci farebbe concentrare meno, creando così un circolo vizioso. Sfortunatamente, molti di noi non si accorgono che la loro concentrazione sta scemando, fino a che non se ne sentono completamente sopraffatti. Quando subentra la spossatezza mentale ed emotiva, questo prosciuga ancora di più la nostra capacità di concentrarci e richiamare alla mente le informazioni.

Per fortuna, esiste un modo per rompere questo circolo. Ho trovato, in una mia ricerca, che una ragione per cui alcune persone si fanno venire l'esaurimento e altre invece no è perché le prime sono in grado di utilizzare la loro intelligenza emotiva (IE) per gestire lo stress. Puoi utilizzare queste stesse competenze, in particolare l'auto- consapevolezza e l'auto-gestione, per migliorare la tua concentrazione. Ecco come.

Inizia utilizzando la tua auto-consapevolezza, che ti faccia prestare attenzione a diversi fattori:

- Perché ti senti stressato o ansioso. Prima che ti occupi del tuo stress, devi capire cosa l'ha causato. Semplice come potrebbe sembrare, è utile fare una lista di tutte le fonti del tuo stress. Scrivi ogni cosa che, nella tua vita e sul tuo luogo di lavoro, possa esserti causa di ansia. Potresti dividerle in categorie, a seconda di quali sono le cose che hai o non hai la capacità di cambiare. Per i fattori di stress nell'ultima categoria, avrai bisogno di capire come cambiare la tua attitudine nei loro confronti.
- Come perdi la tua abilità di concentrarti. In accordo con lo psicologo Michael Lipson, puoi imparare ad affilare la tua concentrazione, capendo in primo luogo come essa divaga. Prestando attenzione agli schemi che ti portano a perdere la concentrazione, puoi cominciare a sviluppare la tua abilità di rimuovere le distrazioni e

rimanere fedele al tuo originario punto d'attenzione.

- Come ti senti quando sei concentrato. Ti senti ansioso, quando non riesci a ricordare un'informazione - nel momento in cui ne hai bisogno - magari durante un colloquio di lavoro, una presentazione con un'alta posta in gioco, o un'importante riunione con un cliente? Ti senti teso e disorientato, quando ti scervelli, cercando di trovare le giuste parole per una mail importante? Questi possono essere i segnali che sei più stressato di quanto immagini e che la tua incapacità di concentrarti ti procura ancora più stress.
- Quando perdi la tua capacità di concentrarti. Se, per esempio, ti preoccupi a morte di qualcosa, mentre stai guidando a 80 chilometri all'ora sull'autostrada, con una macchina piena di bambini, stai mettendo te stesso e gli altri in serio pericolo. Questo dovrebbe essere un campanello d'allarme per riportare la tua attenzione a ciò che stai facendo e prendere la decisione di pensare più tardi ai tuoi problemi.

Una volta che hai la consapevolezza di cosa ti sta causando stress e di come e quando perdi la concentrazione, puoi utilizzare le seguenti strategie, che dipendono dalle tue abilità di auto-gestione per compiere scelte migliori che ti mantengano concentrato.

- Compi una disintossicazione digitale. Nel suo sondaggio del 2017 sullo Stress in America, L'Associazione Psicologi Americani (APA), si è accorta che i "controllori costanti" - cioè coloro che stavano sempre a controllare mail, messaggi e social media – erano molto più stressati di coloro che non lo facevano. Più del 42% dei partecipanti ha attribuito il suo stress a discussioni di natura politica o culturale sui social media, comparato al 33% dei non "controllori costanti". Mentre sembrerebbe impossibile prendersi una bella pausa dalla tecnologia, l'APA afferma che staccare la spina, o anche solo limitare il proprio accesso digitale, può avere un esito molto positivo sulla tua salute mentale.

- Fai riposare il tuo cervello. Molti di noi sono abituati alle notti insonni, a causa di un continuo rimuginare su eventi passati, paure e angosce per il futuro. Quando inizi a sommare tutte queste notti insieme, la mancanza di sonno si fissa, rendendo sempre più difficile concentrarsi e sempre più gravoso ricevere e riportare alla mente le informazioni. Anche la nostra interpretazione degli eventi ed il nostro giudizio potrebbero esserne influenzati. La mancanza di sonno può influenzare negativamente le nostre decisioni perché può compromettere la nostra abilità di valutare una situazione, pianificarla accuratamente e comportarsi in maniera appropriata.

Impegnarsi a rispettare le sette o otto ore di sonno consigliate, ogni notte, potrebbe sembrare impossibile, quando sei sotto stress o oberato di lavoro, ma il risultato ripagherà.

- Pratica l'attenzione cosciente (o mindfulness). La ricerca sulla mindfulness è chiara e convincente. Seguire una pratica di mindfulness diminuisce la nostra tendenza di saltare alle conclusioni e di avere reazioni istintive di cui ci potremmo pentire (e che potrebbero causarci ulteriore stress). Il neuroscienziato Richard Davidson sostiene che "L'attenzione cosciente potenzia la rete di attenzione classica nel sistema frontoparietale del cervello che lavora insieme, per distribuire l'attenzione." In altre parole, l'attenzione cosciente è la chiave della resilienza emotiva, che è la collaboratrice chiave nella nostra abilità di riprenderci velocemente dallo stress. Non preoccuparti, non devi essere un serioso yogi per praticare la mindfulness.
- Sposta la tua concentrazione sugli altri. Quando ci fissiamo sulle nostre preoccupazioni e sulle nostre paure, questo potrebbe allontanare la nostra attenzione da coloro che ci stanno a cuore. Gli studi (inclusi i miei) mostrano che spostare l'attenzione sugli altri, produce effetti psicologici che ci calmano e che rafforzano la nostra resilienza. Se presti più attenzione alle emozioni delle altre persone e ai loro bisogni e mostri interesse per

loro, non solo distoglierai la mente dal tuo stress, ma raccoglierai anche i vantaggi di sapere che hai fatto qualcosa di significativo per qualcuno a cui tieni.

Troppe persone sentono di lavorare sodo, mentre lottano per concentrarsi; ma è possibile che questa strategia si ritorca contro di loro. Piuttosto, presta attenzione alle cause del tuo stress e all'incapacità di concentrazione e poi agisci, per promuovere i miglioramenti di specifiche funzioni del tuo cervello che regolano la concentrazione e la consapevolezza.

CAPITOLO 18: RIPROGRAMMA LA TUA MENTE PER RIMANERE POSITIVO

Questo capitolo ti fornirà sette strategie che potrai usare, se vuoi correggere la tua mentalità, modificandola e riprogrammandola per restare positivo ed allenato, quanto si addice a un capo emotivamente intelligente.

Affermazioni Positive

Questo potrebbe essere uno dei modi più popolari per assicurarti di sviluppare una mentalità positiva e ci vuole solo un po' di tempo ogni giorno per fissarla. Essenzialmente, quando fissi determinate asserzioni nella tua vita, vuoi assicurarti di ripetere a te stesso una breve frase, per un minuto o due, durate la giornata e poi ripetertelo ogni volta che senti delle sensazioni negative crescere dentro di te.

In questi momenti di debolezza, devi ripetere queste affermazioni a te stesso, per ricordarti quali sono le cose importanti, per andare avanti. Sembra abbastanza facile, no? È esattamente facile come sembra. Per iniziare, devi avere qualcosa che vorresti cambiare. Prendi in considerazione il fatto che l'argomento di questo capitolo tratta il mantenimento di una mentalità positiva e renderemo questo l'obbiettivo delle tue affermazioni. Ora hai fissato l'obiettivo della tua affermazione:

Resta positivo. Tieni a mente che andremo avanti da qui. Ora devi creare una frase breve che ti possa ricordare di mantenere un pensiero positivo. Potrebbe essere una frase su qualsiasi cosa, ma deve avere a che fare con tre criteri fondamentali. Questi criteri sono che deve essere una frase positiva, orientata verso te stesso e che deve essere al tempo presente. Il modo migliore per ricordarlo sono le tre P delle affermazioni:

- Positiva
- Personale
- Presente-orientata, cioè rivolta al presente.

Partendo da questo presupposto, avrai una struttura di pensiero positiva. Per prima cosa, resta positivo: puoi fissare dei pensieri positivi, se provi ad allontanare la negatività. Poi, assicurati che siano personali – devi assicurarti che siano concentrati su di te, perché alla fine, l'unica cosa su cui hai il potere, sei tu stesso. Infine, devi assicurarti che siano rivolti al tempo presente, così da essere in grado di affermare a te stesso che siano reali nel momento in cui lo dici.

Per esempio, potresti uscirtene con l'affermazione: "Mi sto attivamente impegnando per accogliere, il più possibile, la positività nella mia vita." Questa affermazione è un fantastico esempio di cosa deve accadere con una affermazione. L'individuo si focalizza su se stesso, assicurandosi che l'affermazione sia positiva e che sia detta in maniera positiva. È tutto ciò che serve.

Poi, hai bisogno di utilizzarla regolarmente. Potresti doverti assicurare di ripetertelo ogni volta che ti lavi i denti, sperando di ripeterlo essenzialmente nella tua mente quanto basta per riconoscere che sia vero e che la tua mente lo tratti come un fatto assodato. Usalo anche ogni volta che i pensieri negativi prendono il sopravvento sulla tua mente. Ti accorgerai che, utilizzando questi metodi, i pensieri negativi lasceranno la tua mente, senza lasciare traccia.

Due Pensieri Positivi, per Ogni Pensiero Negativo

È facile perdersi nell'onda della negatività, nel momento in cui ti accorgi che qualcosa sta andando male. Magari, stai avendo una brutta giornata e succede qualcos'altro che la fa peggiorare.

Stai guidando per andare a lavoro e finisci in una pozzanghera, per esempio, e questo, in qualche modo, finisce per sporcare di fango la tua macchina appena lavata, per la tua umiliazione.

Potresti decidere che quella giornata è tremenda e che non avresti dovuto perdere tempo a pulire la macchina, prima, perché ora dovrai farlo di nuovo.

Ad ogni modo, quando ti accorgi di questi pensieri negativi, ti ripeti la tua affermazione e magari, di ritorno a casa, riesci ad evitare tutti semafori rossi e a fare un affare per prendere la tua cena preferita.

Riconosci che questi sono fatti positivi che ti sono

successi, che c'è stato, in fondo, del buono nella tua giornata e vai avanti.

Ridi delle Cose Brutte

Quando le cose degenerano velocemente e sai che arriveranno ad una pessima conclusione che non vuoi che accada, puoi cercare di sollevarti il morale ed alleggerirti la mente, con una battuta.

Cerca umorismo da qualche parte, anche quando devi affrontare decisioni difficili. Se hai fatto un incidente in macchina, per esempio, puoi scherzare sul fatto che poteva andare peggio – saresti potuto andare a sbattere contro una macchina della polizia, parcheggiata lì vicino e le cose si sarebbero potute mettere molto peggio.

O se sei in ritardo al tuo matrimonio, puoi ridere con la tua sposa, ricordandole che, al massimo, sarà una memorabile ed accurata rappresentazione della loro relazione, visto che voi due non fate altro che arrivare in ritardo in ogni situazione.

Dopo qualsiasi situazione, potresti essere in grado di ridere, a buon diritto, di qualsiasi cosa, senza più focalizzarti sui lati negativi. Il tuo umore te ne ringrazierà – è più probabile che tu ti senta felice ed in grado di ridere delle situazioni negative, qualora dovessero capitarti, e allora sarà una questione di "quando" e non di "se".

Tutto è Esperienza di Apprendimento

Ti è mai capitato, mettendo la macchina in garage, di

sbattere contro la serranda e, allo stesso tempo, di rovinare sia il garage che il paraurti?

Magari hai parcheggiato nel posto sbagliato e, arrivando a lavoro, il primo giorno, mentre stava piovendo, hai dovuto correre di qua e di là in cerca di un'altra entrata, sotto la pioggia, bagnandoti dalla testa ai piedi, per non arrivare in ritardo.

Non importa cosa sia successo, puoi sempre imparare dai tuoi errori. È garantito che la prossima volta ti ricorderai qual è il posto più vicino all'ingresso che usi per lavoro e non ti dimenticherai di controllare una seconda volta che il garage sia aperto, dopo aver imparato da ciò che ti è successo.

Sii Presente

No, questo non significa che devi, semplicemente, essere dove sei; bensì che deve essere presente anche mentalmente in quel momento.

Ti è successo qualcosa di brutto, cinque minuti fa?

Bene, quei cinque minuti sono passati ed è il momento di focalizzarti sul presente.

Ti senti ancora ferito? In agonia? Affamato? Senza un riparo? Al freddo? O a disagio in qualsiasi modo?

Se hai risposto "no" a tutte queste domande, allora le cose non sono messe così male come pensavi. Piuttosto che concentrarti su quanto ti abbia infastidito mettere il piede in quella pozzanghera, poco fa, dovresti renderti conto di quanto tu sia fortunato ad avere ciò che hai, o di quanto tu sia fortunato ad apprezzare genuinamente il lavoro che ti permette di sostenere te e la tua famiglia e di provvedere a te in varie occasioni. Quando puoi veramente concentrarti sul presente, piuttosto che su ciò che sta accadendo intorno a te, ti renderai conto che la tua intera mentalità fa spazio a qualcosa di molto più grande di quanto tu potessi mai immaginare.

Mai Dire Mai

Se puoi mantenere positivo il tuo linguaggio, sei in grado di mantenere positiva anche la tua mentalità. Prova ad eliminare del tutto le parole negative dal tuo vocabolario. Riprometti di evitare di pronunciare parole come "mai" o altri assolutismi e cerca di evitare di pensare in negativo.

Piuttosto che concentrarti su ciò che non potresti fare o su ciò che non hai fatto, quando ti si è presentata una situazione difficile, per esempio, concentrati su ciò che potresti fare diversamente un'altra volta. Quando affronti una situazione in questo modo: "Cosa posso fare per assicurarmi che i risultati non siano gli stessi della volta in cui ho provato a fare questo?", allora sei in grado di assicurarti che la tua mentalità sia molto più positiva che se semplicemente dicessi: "Non ho fatto questa cosa che avrei dovuto fare ed è stato per questo che ho fallito." Anche se entrambe le frasi si riferiscono alla stessa azione, esprimere i concetti in modo diverso, cambia completamente l'intento ed il significato che c'è dietro la frase e sposta la tua mentalità da positiva a negativa.

Circostanze Positive

Magari uno dei cambiamenti più influenti che potresti imporre alla tua vita, dopotutto, non è cambiare i tuoi pensieri o il modo in cui dici le cose, per quanto sono entrambi fattori che creano grandi risultati; la cosa più influente che puoi fare è assicurarti che le circostanze intorno a te siano positive.

Devi assicurarti di essere circondato da positività che incoraggi uno stato mentale positivo.

Puoi farlo, assicurandoti che anche i tuoi amici mantengano una mentalità positiva, che non si concentrino sui drammi o sul preoccuparsi di stare dietro ad altre persone. Quando davvero ti lasci alle spalle la tossicità nella tua vita, i cambiamenti che vedrai saranno drastici. Sì, è più che ragionevole liberarsi degli individui negativi e tossici, nella propria vita.

La negatività è come un frutto ammuffito – se metti una mela ammuffita accanto ad una mela fresca, cosa pensi che accadrà? La muffa si diffonderà sulla mela fresca, facendola andare a male. La stessa cosa accade con la negatività – puoi farti infettare dalla negatività, semplicemente rimanendo in un ambiente negativo e questa è una situazione che devi evitare.

Quando sei circondato da positività, invece, sei al sicuro. Il tuo stato mentale è salvo e la tua positività non può essere infettata dalla negatività, come la mela ammuffita riesce ad espandere la sua decomposizione sull'elemento più fresco nel cesto. Proteggiti e taglia fuori dalla tua vita la negatività, appena ti accorgi della sua presenza e del fatto che non ti sta facendo bene.

CONCLUSIONI

Quindi, ora che sai esattamente cos'è l'intelligenza emotiva, il meglio che puoi fare è applicare questa conoscenza giorno per giorno, nella tua vita. Ora conosci il segreto dietro a delle relazioni migliori, l'abilità per costruire relazioni più solide, per migliorare l'autocontrollo e per avere una più alta capacità di influenzare gli altri.

La consistenza e l'impegno in quest'area di pratica ti metteranno in una posizione di grande vantaggio, praticamente in qualsiasi situazione deciderai di affrontare, a prescindere che sia nell'ambito personale o professionale.

Diventare consapevole dei tuoi punti di forza e delle tue debolezze ti darà la possibilità di liberarti dei dubbi che riguardano le tue personali abilità. Ironicamente, potresti ritrovarti ad essere più motivato che mai, quando sei consapevole delle tue limitazioni, perché sei meno preoccupato del fallimento, consapevole di chi sei come persona.

Ti trovi nella posizione di poter affrontare più sfide e di poter navigare nel mare delle complessità sociali. Di conseguenza, migliorerai le tue competenze di leadership, sintonizzandoti con i bisogni del gruppo, e mettendoti naturalmente nella posizione di gestire le persone in maniera davvero efficace.

Sviluppare l'empatia e la curiosità negli altri può portare il benessere di una conoscenza ed una comprensione inaspettate. Più pratichi lo sviluppo del tuo QE, più ti renderai conto che la tua abilità di imparare migliora velocemente, insieme alla tua capacità di empatizzare con le esperienze degli altri.

La regolazione delle emozioni gioca un ruolo importante nel farti migliorare l'intelligenza emotiva, sviluppando l'auto-consapevolezza e tenendola sotto controllo, il che ti permette di vedere come le tue emozioni lavorano. Esercitando l'auto-controllo, puoi regolare costruttivamente e in maniera sana i tuoi sentimenti. Sei in grado di liberarti delle emozioni negative e continuare a produrre emozioni positive, che saranno naturalmente contagiose e utili per gli altri.